EinFach Deutsch
Unterrichtsmodell

John von Düffel

Houwelandt

Von
Anette Sosna

Herausgegeben von
Johannes Diekhans

Baustein 4: Themenfeld „Familienkonstellationen" (S. 67–81 im Modell)

4.1	Theodor Fontane: Effi Briest	Textauszüge aus „Effi Briest"	Lernzirkel Textarbeit Schreibauftrag Arbeitsblatt 22
4.2	Thomas Mann: Buddenbrooks	Textauszüge aus „Buddenbrooks"	Lernzirkel Textarbeit Schreibauftrag Arbeitsblatt 23
4.3	Birgit Vanderbeke: Das Muschelessen	Textauszüge aus „Das Muschelessen"	Lernzirkel Textarbeit Schreibauftrag Arbeitsblatt 24
4.4	Michel Houellebecq: Karte und Gebiet	Textauszüge aus „Karte und Gebiet"	Lernzirkel Textarbeit Schreibauftrag Arbeitsblatt 25

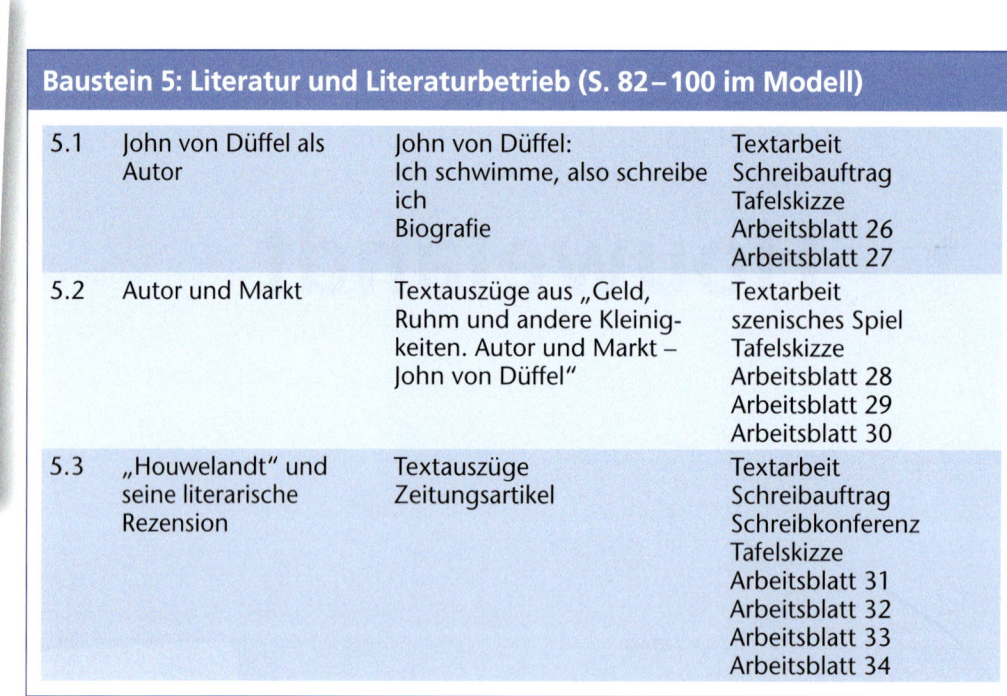

Baustein 5: Literatur und Literaturbetrieb (S. 82–100 im Modell)

5.1	John von Düffel als Autor	John von Düffel: Ich schwimme, also schreibe ich Biografie	Textarbeit Schreibauftrag Tafelskizze Arbeitsblatt 26 Arbeitsblatt 27
5.2	Autor und Markt	Textauszüge aus „Geld, Ruhm und andere Kleinigkeiten. Autor und Markt – John von Düffel"	Textarbeit szenisches Spiel Tafelskizze Arbeitsblatt 28 Arbeitsblatt 29 Arbeitsblatt 30
5.3	„Houwelandt" und seine literarische Rezension	Textauszüge Zeitungsartikel	Textarbeit Schreibauftrag Schreibkonferenz Tafelskizze Arbeitsblatt 31 Arbeitsblatt 32 Arbeitsblatt 33 Arbeitsblatt 34

Houwelandt

Baustein 1: Einstiege und Hinführungen (S. 15–22 im Modell)

1.1	Phänomen Familie: Historische und aktuelle Aspekte	Fotos	Schreibauftrag Tafelskizze Arbeitsblatt 1
1.2	Baukasten Familie: Einen Stammbaum erstellen	gesamter Roman	Zeichenauftrag Textarbeit Arbeitsblatt 2 Arbeitsblatt 3
1.3	Mikrokosmos Familie: Eindrücke und Meinungen	Zitate	Textarbeit Schreibauftrag Arbeitsblatt 4

Baustein 2: Figuren und Figurenkonstellation (S. 23–43 im Modell)

2.1	Die Figurenkonstellation des Romans	gesamter Roman	Textarbeit Zeichenauftrag Standbilder Arbeitsblatt 5 Arbeitsblatt 6
2.2	Zentrale Figuren		Textarbeit Schreibauftrag
2.2.1	Jorge de Houwelandt	Textauszüge, z.B. S. 274ff.	Tafelskizze Fragebogen
2.2.2	Thomas	S. 11–14, 66–71, 100, 102, 162ff., 258	Arbeitsblatt 7 Arbeitsblatt 8
2.2.3	Christian	Textauszüge, z.B. S. 34ff.	Arbeitsblatt 9 Arbeitsblatt 10
2.2.4	Esther, Beate und Ricarda	Textauszüge, z.B. S. 14–18	

Baustein 3: Zentrale Themen und Motive (S. 44–66 im Modell)

3.1	Vater-Sohn-Konflikte	Textauszüge, z.B. S. 107–111	Textarbeit Schreibauftrag Arbeitsblatt 11 Arbeitsblatt 12
3.2	Erinnerung und Wahrnehmung	S. 270–273, 102–105, 191f./195 Lexikonartikel	Textarbeit Schreibauftrag Tafelskizze Arbeitsblatt 13 Arbeitsblatt 14
3.3	Die „Hundehütte"	S. 12, 19–21, 25, 27, 119, 163, 181	Textarbeit Schreibauftrag Arbeitsblatt 15 Arbeitsblatt 16 Arbeitsblatt 17
3.4	Wasser- und Schwimmmetaphorik	Bertolt Brecht: Vom Schwimmen in Seen und Flüssen S. 9–11, 144–145 Lexikonartikel	Textarbeit Schreibauftrag Tafelskizze Arbeitsblatt 18 Arbeitsblatt 19 Arbeitsblatt 20 Arbeitsblatt 21

Bildnachweis:

S. 9: o.: © Martin Lengemann/Intro; u.: © Jörg Adolph/Caligari Film – S. 19: (v.o.n.u.) © TV-yesterday; © Pavel Losevsky – Fotolia.com; © action press/REX FEATURES LTD.; © picture-alliance/dpa – S. 20: © picture-alliance/dpa-infografik – S. 38: akg-images GmbH – S. 41: © Denkou Images – S. 54: Frank Speth – www.Bildergeschichten.eu – S. 59: o.li.: © J.A. Fischer/VISUM; o.re.: © Matthias Luedecke; u.li.: © GFC Collection; u.re.: © Linus Morgen – S. 62: o.li.: © Ute Voigt/ direktfoto; o.re.: © vision images – Fotolia.com; u.li.: © plainpicture/KuS; u.re.: © moodboard – Fotolia.com – S. 74: © akg-images GmbH – S. 75: Verlagsarchiv Schöningh – S. 77: picture-alliance GmbH – S. 80: picture-alliance/dpa © dpa-Report – S. 90, 101: © Jörg Adolph /Caligari Film

© 2012 Bildungshaus Schulbuchverlage
Westermann Schroedel Diesterweg Schöningh Winklers GmbH
Braunschweig, Paderborn, Darmstadt

www.schoeningh-schulbuch.de
Schöningh Verlag, Jühenplatz 1–3, 33098 Paderborn

Das Werk und seine Teile sind urheberrechtlich geschützt.
Jede Nutzung in anderen als den gesetzlich zugelassenen Fällen bedarf der vorherigen schriftlichen Einwilligung des Verlages.
Hinweis zu § 52a UrhG: Weder das Werk noch seine Teile dürfen ohne eine solche Einwilligung gescannt und in ein Netzwerk gestellt werden.
Das gilt auch für Intranets von Schulen und sonstigen Bildungseinrichtungen.

Auf verschiedenen Seiten dieses Buches befinden sich Verweise (Links) auf Internetadressen. Haftungshinweis: Trotz sorgfältiger inhaltlicher Kontrolle wird die Haftung für die Inhalte der externen Seiten ausgeschlossen. Für den Inhalt dieser externen Seiten sind ausschließlich deren Betreiber verantwortlich. Sollten Sie dabei auf kostenpflichtige, illegale oder anstößige Inhalte treffen, so bedauern wir dies ausdrücklich und bitten Sie, uns umgehend per E-Mail davon in Kenntnis zu setzen, damit beim Nachdruck der Verweis gelöscht wird.

Druck 5 4 3 2 1 / Jahr 2016 15 14 13 12
Die letzte Zahl bezeichnet das Jahr dieses Druckes.

Umschlaggestaltung: Jennifer Kirchhof
Druck und Bindung: westermann druck GmbH, Braunschweig

ISBN 978-3-14-022449-9

Vorwort

Der vorliegende Band ist Teil einer Reihe, die Lehrerinnen und Lehrern erprobte und an den Bedürfnissen der Schulpraxis orientierte Unterrichtsmodelle zu ausgewählten Ganzschriften und weiteren relevanten Themen des Faches Deutsch bietet.
Im Mittelpunkt der Modelle stehen Bausteine, die jeweils thematische Schwerpunkte mit entsprechenden Untergliederungen beinhalten.
In übersichtlich gestalteter Form erhält der Benutzer/die Benutzerin zunächst einen Überblick zu den im Modell ausführlich behandelten Bausteinen.

Es folgen:

- Hinweise zu den Handlungsträgern
- Zusammenfassung des Inhalts und der Handlungsstruktur
- Vorüberlegungen zum Einsatz des Romans im Unterricht
- Hinweise zur Konzeption des Modells
- Ausführliche Darstellung der einzelnen Bausteine
- Zusatzmaterialien

Ein besonderes Merkmal der Unterrichtsmodelle ist die Praxisorientierung. Enthalten sind kopierfähige Arbeitsblätter, Vorschläge für Klassen- und Kursarbeiten, Tafelbilder, konkrete Arbeitsaufträge, Projektvorschläge. Handlungsorientierte Methoden sind in gleicher Weise berücksichtigt wie eher traditionelle Verfahren der Texterschließung und -bearbeitung.
Das Bausteinprinzip ermöglicht es dabei den Benutzern, Unterrichtsreihen in unterschiedlicher Weise und mit unterschiedlichen thematischen Akzentuierungen zu konzipieren. Auf diese Weise erleichtern die Modelle die Unterrichtsvorbereitung und tragen zu einer Entlastung der Benutzer bei.

Das vorliegende Modell bezieht sich auf folgende Textausgabe:
John von Düffel: Houwelandt. München: Deutscher Taschenbuch Verlag 2006.
ISBN: 978-3-423-13465-1

 Arbeitsfrage
 Einzelarbeit
 Partnerarbeit
 Gruppenarbeit
 Unterrichtsgespräch
 Schreibauftrag
 szenisches Spiel, Rollenspiel
 Mal- und Zeichenauftrag
 Bastelauftrag
 Projekt, offene Aufgabe

Inhaltsverzeichnis

1. Personen   10

2. Inhalt   12

3. Vorüberlegungen zum Einsatz des Romans „Houwelandt" im Unterricht   13

4. Konzeption des Unterrichtsmodells   14

5. Die thematischen Bausteine des Unterrichtsmodells   15

    Baustein 1: Einstiege und Hinführungen   15
    1.1   Phänomen Familie: Historische und aktuelle Aspekte   15
    1.2   Baukasten Familie: Einen Stammbaum erstellen   17
    1.3   Mikrokosmos Familie: Eindrücke und Meinungen   18
    Arbeitsblatt 1: Familienbilder   19
    Arbeitsblatt 2: Der Stammbaum der britischen Königsfamilie   20
    Arbeitsblatt 3: Stammbaum der Familie …   21
    Arbeitsblatt 4: Mikrokosmos Familie: Eindrücke und Meinungen   22

    Baustein 2: Figuren und Figurenkonstellation   23
    2.1   Die Figurenkonstellation des Romans   23
    2.2   Zentrale Figuren   24
    2.2.1 Jorge de Houwelandt   24
    2.2.2 Thomas   28
    2.2.3 Christian   31
    2.2.4 Esther, Beate und Ricarda   33
    Arbeitsblatt 5: Die Figurenkonstellation des Romans   36
    Arbeitsblatt 6: Ein Standbild bauen   37
    Arbeitsblatt 7: Caspar David Friedrich: Mönch am Meer   38
    Arbeitsblatt 8: Thomas de Houwelandt: Stationen seiner Entwicklung   39
    Arbeitsblatt 9: Babyfoto   41
    Arbeitsblatt 10: Die Frauenfiguren in „Houwelandt" (Fragebogen)   42

    Baustein 3: Zentrale Themen und Motive   44
    3.1   Vater-Sohn-Konflikte   44
    3.2   Erinnerung und Wahrnehmung   46
    3.3   Die „Hundehütte"   49
    3.4   Wasser- und Schwimmmetaphorik   52
    Arbeitsblatt 11: Väter und Söhne   54
    Arbeitsblatt 12: Die Konflikte der männlichen Linie der de Houwelandts   55
    Arbeitsblatt 13: Optische Täuschung   57
    Arbeitsblatt 14: Gedächtnis (Lexikonartikel)   58
    Arbeitsblatt 15: Häuser   59
    Arbeitsblatt 16: Die „Hundehütte": Der Familiensitz der de Houwelandts   60
    Arbeitsblatt 17: Metapher, Motiv und Symbol   61
    Arbeitsblatt 18: Schwimmen   62

Arbeitsblatt 19: Bertolt Brecht: Vom Schwimmen in Seen und Flüssen   63
Arbeitsblatt 20: Schwimmen als literarisches Motiv   64
Arbeitsblatt 21: Wasser (Lexikonartikel)   66

Baustein 4: **Themenfeld „Familienkonstellationen"**   67
4.1   Theodor Fontane: Effi Briest   68
4.2   Thomas Mann: Buddenbrooks   69
4.3   Birgit Vanderbeke: Das Muschelessen   71
4.4   Michel Houellebecq: Karte und Gebiet   72
Arbeitsblatt 22: Theodor Fontane: Effi Briest (1895) – Auszug   74
Arbeitsblatt 23: Thomas Mann: Buddenbrooks (1901) – Auszug   75
Arbeitsblatt 24: Birgit Vanderbeke: Das Muschelessen – (1990) – Auszug   77
Arbeitsblatt 25: Michel Houellebecq: Karte und Gebiet (2010) – Auszug   80

Baustein 5: **Literatur und Literaturbetrieb**   82
5.1   John von Düffel als Autor   82
5.2   Autor und Markt   84
5.3   „Houwelandt" und seine literarische Rezension   85
Arbeitsblatt 26: John von Düffel: Ich schwimme, also schreibe ich   88
Arbeitsblatt 27: John von Düffel: Leben und Werk   90
Arbeitsblatt 28: Der Buchverlag   91
Arbeitsblatt 29: Der Lektor   93
Arbeitsblatt 30: Die Agentin   95
Arbeitsblatt 31: John von Düffel und die Kritik   97
Arbeitsblatt 32: Maike Albath: Schicksalswoge (Rezension)   98
Arbeitsblatt 33: Christiane Florin: Wasser ist dicker als Blut (Rezension)   99
Arbeitsblatt 34: Was ist Kritik und wozu wird kritisiert?   100

6.   **Zusatzmaterial**   101
Z 1:   Heike Kuhn: Die Lesbarmachung   101
Z 2:   Iris Radisch: Die elementare Struktur der Verwandtschaft   103
Z 3:   Vorschläge für Klausuren, Referate und Facharbeiten zum Roman „Houwelandt"   104

Houwelandt

Ich schwimme,
also schreibe ich.

John von Düffel

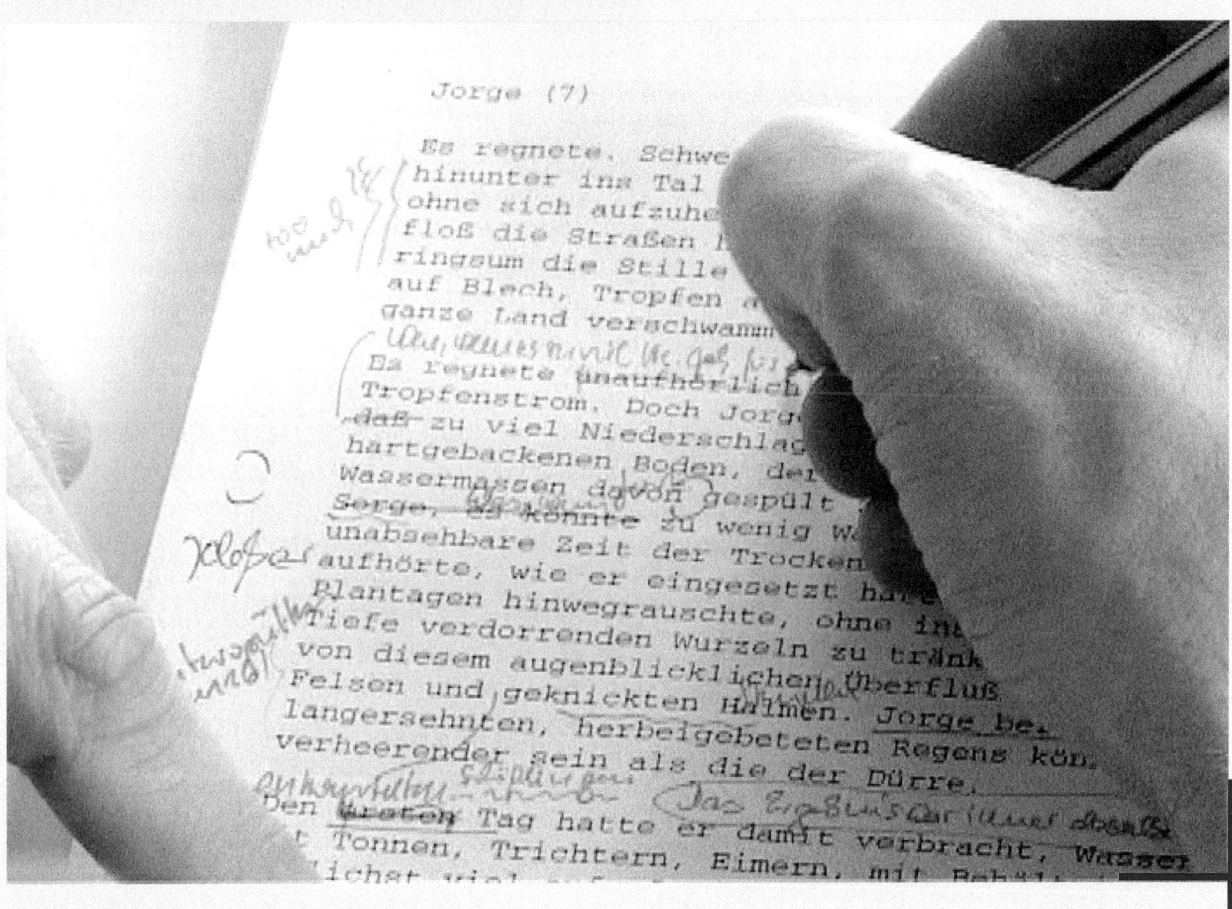

Personen

Jorge: Jorge ist das 79-jährige Familienoberhaupt der de Houwelandts, zu dessen Ehren seine Frau Esther ein Fest veranstalten will – gegen seinen Willen, denn Jorge lebt in großer innerer Distanz zu seinem Umfeld. Rigide Strukturen, Unerbittlichkeit und Härte gegen sich selbst prägen seinen Alltag in Spanien. Zeit seines Lebens hat er sich mit Gott auseinandergesetzt, aber nicht zum Glauben gefunden. Seines Mangels an Liebesfähigkeit und sozialer Nähe ist er sich bewusst, ist dagegen jedoch machtlos. Einzig das Schwimmen und das Meer geben ihm ein Gefühl von Tiefe und Gottesnähe. Kurz vor seinem Tod kommt er dem jungen Darío näher, in dem er einen Seelenverwandten erkennt und zu dem er eine tiefe Beziehung entwickelt.

Esther: Jorge und Esther sind seit ca. 60 Jahren verheiratet. In dieser Zeit ist Esther ihm zur Seite gestanden, hat seine sozialen Mängel ausgeglichen und diese toleriert. Ihr Leben hat sie der Familie gewidmet. Ihr Plan, ein Fest zu Jorges 80. Geburtstag zu veranstalten, dient hauptsächlich der Familienzusammenführung. Sie trifft heimlich Festvorbereitungen, für die sie – zum ersten Mal allein – nach Deutschland reist. Während der Reise wächst in ihr das Bewusstsein, dass nicht nur ihre Bemühungen vergeblich sind, sondern auch eine Trennung von Jorge längst überfällig ist.

Thomas: Jorges und Esthers 57-jähriger Sohn Thomas verwaltet das Familienanwesen der de Houwelandts in Deutschland. Eine ganze Reihe beruflicher und privater Fehlschläge durchzieht seine Biografie, darunter eine abgebrochene Dissertation in Ur- und Frühgeschichte und die Trennung von seiner Frau Beate. Zu seinem Vater Jorge und zu seinem Sohn Christian hat er ein problematisches Verhältnis. Im Verlauf der Handlung durchlebt Thomas jedoch eine Wandlung: Nach der Vollendung einer Rede zum 80. Geburtstag seines Vaters gelingt es ihm, sein Leben und die Beziehungen zu seinem Umfeld ansatzweise zu ordnen.

Beate: Nach der Trennung von Thomas lebt Beate, von Beruf Lehrerin, allein. Sie unterstützt Esther bei der Vorbereitung des Festes, ist der Familie de Houwelandt gegenüber aber insgesamt eher distanziert eingestellt. Beate wird als selbstständig, diszipliniert, misstrauisch und ernsthaft beschrieben, als eine Frau, die mit „konstanter Gemütsverfassung" (S. 237) ihren geordneten Alltag bewältigt. Ihr Verhältnis zu Thomas bessert sich sukzessive im Verlauf der Romanhandlung und endet schließlich versöhnlich.

Christian: Der 33-jährige Journalist Christian de Houwelandt entstammt der zerrütteten Ehe von Thomas und Beate. Seinen Großvater Jorge kennt er kaum. Zu seinem Vater hat er ein problematisches Verhältnis, da er ihn als orientierungslos und unzuverlässig erlebt. Seine Berufstätigkeit als Journalist ist für ihn zunehmend oberflächlich und so steigert er sich in den Gedanken einer Familiengründung hinein, um sein Leben mit Sinn zu füllen. Zweifel daran kommen ihm erst durch eine Begegnung mit Esther, die ihm die Entfremdung von seiner Familie und die komplizierten Familienverhältnisse der de Houwelandts vor Augen führt. Erst am Ende der Handlung wird er sich der rückhaltlosen Liebe seines Vaters bewusst.

Ricarda: Ricarda ist ca. 32 Jahre alt, arbeitet als Anwältin und lebt seit vier Jahren mit Christian zusammen. Christians Gedanken zur Familienplanung schiebt sie wegen ihrer beruflichen Belastung zunächst auf und bittet sich sechs Tage Bedenkzeit aus, nach deren Ende sie sich aufgeschlossen für Christians Kinderwunsch zeigt. Von Thomas abgesehen, kennt sie die Familie der de Houwelandts kaum und sieht so dem geplanten Fest neugierig und unbefangen entgegen. Im Unterschied zu Christian hat sie ein unkompliziertes Verhältnis zu Thomas, den sie als „jung im Kopf" (S. 85) erlebt und mit dem sie gerne Zeit verbringt.

Darío: Der 12-jährige Darío Esteban Mejía, genannt „der Bastard", ist ein unehelicher Sohn der Andalusierin Luisa Mejía, einer Lokalbesitzerin und Heilerin im Wohnort der de Houwelandts in Spanien. Der Junge folgt Jorge auf seinen Spaziergängen und bittet ihn schließlich, ihm das Schwimmen beizubringen. Sein Vorhaben ist es, über das Meer nach Afrika zu schwimmen, wo er seinen Vater vermutet. Darío durchläuft Jorges Schwimmübungen widerspruchslos und mit eiserner Disziplin. Tatsächlich versucht er kurze Zeit später, nach Afrika zu schwimmen, wird aber von Fischern aus dem Wasser gezogen und zurück an Land gebracht.

Inhalt

Im Mittelpunkt des Romans steht die Familie der de Houwelandts in der Zusammenschau dreier Generationen: die der Großeltern Jorge und Esther de Houwelandt, deren Sohn Thomas und dessen Sohn Christian. Die Handlung wird nicht diachron über mehrere Generationen hinweg dargestellt, sondern verdichtet sich in einem vergleichsweise kurzen Zeitraum vor dem 80. Geburtstag Jorge de Houwelandts.

Diesen will Esther – gegen den Willen ihres in sich zurückgezogenen Mannes – in Form eines Familienfests begehen, um die Familie wieder zu vereinen. Um die Vorbereitungen durchzuführen, fliegt sie von der spanischen Küste, wo die Großeltern seit geraumer Zeit leben, nach Norddeutschland zum früheren Familiensitz. Diesen verwaltet Thomas de Houwelandt, Jorges und Esthers 57-jähriger Sohn, mehr schlecht als recht, nachdem er – von seiner Frau Beate getrennt lebend – beruflich wie auch privat mehrfach gescheitert ist. Nun soll er eine Rede auf seinen emotional verhärteten Vater verfassen, zu dem er zeitlebens ein problematisches Verhältnis hatte. Auch sein Sohn Christian, den Thomas nach Möglichkeit dem Großvater vorenthalten hat, ist nicht bereit, ihm in dieser Situation zur Seite zu stehen – ist er doch selbst zum Zeitpunkt der Handlung von Gedanken an Familienplanung und Kinderwunsch mit seiner Partnerin Ricarda geradezu besessen.

Je näher das Fest rückt, desto mehr verdichten sich die innerfamiliären Konflikte und Bedürfnislagen, sodass Auswirkungen auf die einzelnen Familienmitglieder unvermeidlich werden: Thomas vollendet die Rede und erlebt daraufhin einen persönlichen Neuanfang. Mit dem Geld seiner Mutter ‚renoviert' er nicht nur den Familiensitz der de Houwelandts in Norddeutschland, sondern auch sein äußeres, bislang vernachlässigtes Erscheinungsbild. Auch eine Annäherung zwischen Thomas und Beate scheint sich anzubahnen. Christians Wunsch nach einem Familienidyll relativiert sich nach einem ernüchternden Treffen mit seiner Großmutter. Jorge findet derweil in Spanien einen Seelenverwandten in dem jungen Darío, dem er auf dessen Wunsch hin das Schwimmen beibringt. Es ist Jorges letzte und vielleicht auch einzige Annäherung an einen anderen Menschen, bevor er seinem Krebsleiden erliegt. Sein Tod verwandelt die geplante Geburtstagsfeier in eine Totenfeier – nicht ohne dass auch hier Neuanfänge spürbar werden.

Vorüberlegungen zum Einsatz des Romans „Houwelandt" im Unterricht

Die Gegenwartsliteratur hat es nicht leicht im Deutschunterricht: Zu unübersichtlich ist die Zahl der Neuerscheinungen (allein etwa 7.000 Romane deutscher Autoren im Jahr[1]), zu disparat oft die Qualität, zu knapp die Unterrichtszeit gerade in der gymnasialen Oberstufe – auch wenn die Literatur der Gegenwart in den letzten Jahren zunehmend in den Blick curricularer Gestaltung geraten ist. Angesichts dieser schwierigen Ausgangslage ist „die Sorge der Didaktiker und Lehrer […], die die gering bemessene Lesezeit in der Schule nicht unnütz mit einer Literatur vergeuden möchten, die eventuell nach kurzer Zeit wieder vergessen sein wird"[2], durchaus nachvollziehbar. Zu kurz kommt dabei allerdings häufig die Betrachtung der literaturästhetischen Metaebene: Gerade zeitgenössische Texte bieten die Möglichkeit, neben den analytischen und interpretatorischen Kompetenzen der Schülerinnen und Schüler auch das kritische Urteilsvermögen zu schärfen, qualitative Aspekte von Literatur zu beleuchten und die Bedingungen der Entstehung und Entwicklung von Literatur zu reflektieren.

John von Düffels „Houwelandt", so zeigen die Erfahrungen aus der Praxis, ist ein zeitgenössischer Roman, der in mehrfacher Hinsicht bestens geeignet ist für die Arbeit im Deutschunterricht: Er erlaubt nicht nur die Einübung und Vertiefung analytischer und interpretatorischer Kompetenzen der Schülerinnen und Schüler, sondern fügt sich zudem in das Themenfeld „Familie" und bietet damit zahlreiche Anknüpfungspunkte für intertextuelle Vernetzungen. Darüber hinaus ermöglicht „Houwelandt" Einblicke in den Prozess literarischen Schaffens und die Bedingungen des Literaturbetriebs. Und nicht zuletzt ist es ein Text, den die Schülerinnen und Schüler gerne lesen, weil Familienthematik und Aktualität Interesse wecken und ihnen die sprachliche Gestaltung entgegenkommt. Damit knüpft der Text an die Anforderungen der Bildungsstandards und an motivationale Interessen auf Schüler- und Lehrerseite gleichermaßen an.

Mit der didaktischen Aufbereitung des Romans soll ein weiterer Baustein für die vertiefende Arbeit mit zeitgenössischer Literatur im Deutschunterricht ab einschließlich Klasse 10 gelegt werden. Die einzelnen Module des Romans bieten eine schülerorientierte und aktivierende Mischung aus analytischen, szenischen und produktionsorientierten Verfahren, die zum einen der Erschließung von Figuren, Themen und Motiven dienen, zum anderen aber intertextuelle und kulturpraktische Aspekte beleuchten. Dabei wird vorausgesetzt, dass die Schülerinnen und Schüler den Text zu Beginn der Einheit vollständig gelesen haben.

Alle Textbezüge richten sich nach der Ausgabe:

John von Düffel: Houwelandt. Roman. 2. Auflage August 2006. Deutscher Taschenbuch Verlag: München 2006.

---

[1] für das Jahr 2008 nach: Braun, Michael: Die deutsche Gegenwartsliteratur. Eine Einführung. Böhlau Verlag, Köln, Weimar, Wien 2010, S. 14
[2] Paefgen, Elisabeth K.: Einführung in die Literaturdidaktik. 2., aktualisierte und erweiterte Auflage. Verlag J.B. Metzler, Stuttgart 2006, S. 89

Zur vertiefenden Lektüre können herangezogen werden:

Fischer, Ulrich: John von Düffel. In: Kritisches Lexikon der deutschsprachigen Gegenwartsliteratur – KLG. 81. Nlg. Hg. v. Arnold, Heinz, Ludwig. Göttingen 2005, S. 1–10.

Catani, Stephanie/Marx, Friedhelm (Hrsg.): Familien Erzählen. Das literarische Werk John von Düffels. Wallstein Verlag: Göttingen 2010.

Kutzmutz, Olaf (Hrsg.): Geld, Ruhm und andere Kleinigkeiten. Autor und Markt – John von Düffel. Wolfenbütteler Akademie Texte, Band 31. Wolfenbüttel 2007.

Verwiesen sei an dieser Stelle auch auf den Dokumentarfilm „Houwelandt – Ein Roman entsteht" von Jörg Adolph (Deutschland 2005, 107 Minuten).

Vorschläge für Klassenarbeiten und Klausuren finden sich im **Zusatzmaterial 3**, S. 105.

Konzeption des Unterrichtsmodells

In **Baustein 1** werden verschiedene Annäherungsmöglichkeiten an den Roman „Houwelandt" vorgestellt. Diese bieten den Schülerinnen und Schülern zum einen die Möglichkeit, sich dem Themenbereich Familie phänomenologisch anzunähern, aber auch erste Eindrücke zur subjektiven Bedeutung von „Familie" zu gewinnen und sich ihrer Funktion im Hinblick auf individuelle und gesellschaftliche Zusammenhänge bewusst zu werden.

In **Baustein 2** werden die wichtigsten Figuren des Romans erarbeitet und in ihren Beziehungen zueinander erfasst. Der Schwerpunkt liegt – der Konzeption des Romans entsprechend – auf den männlichen Figuren Jorge, Thomas und Christian. Die Charakterisierungen ermöglichen ein tieferes Verständnis der innerfamiliären Zusammenhänge der de Houwelandts sowie der Funktionalität der einzelnen Figuren innerhalb des Textgefüges.

Baustein 3 konzentriert sich auf vier zentrale Themen und Motive des Romans: die Vater-Sohn-Konflikte, den Themenbereich „Erinnerung und Wahrnehmung" sowie die Motive „Familiensitz" und „Wasser und Schwimmen". Die Schülerinnen und Schüler üben im Umgang mit diesen Aspekten strukturelle und interpretatorische Herangehensweisen an den Text, die es ihnen ermöglichen, tiefere Bedeutungsschichten zu erreichen und ihr Textverständnis zu schulen.

Baustein 4 beleuchtet „Houwelandt" im Zusammenhang mit vier ausgewählten Familienkonstellationen aus den Romanen „Effi Briest" von Theodor Fontane, „Buddenbrooks" von Thomas Mann, „Das Muschelessen" von Birgit Vanderbeke und „Karte und Gebiet" von Michel Houellebecq. Die Auswahl der Texte bietet die Möglichkeit, die Familienkonstellation in „Houwelandt" zum einen mit traditionell-historischen Familienverhältnissen zu kontrastieren, zum anderen aber auch deren Besonderheiten im Vergleich mit anderen zeitgenössischen Texten herauszuarbeiten.

Thema des **Bausteins 5** „Literatur und Literaturbetrieb" sind die Bedingungen literarischen Schaffens vom Schreibvorgang über die verschiedenen Stadien der Veröffentlichung bis hin zur literarischen Rezension. Die Schülerinnen und Schüler erhalten dabei nicht nur Einblicke in die Entstehung von Texten, sondern auch in die beteiligten Institutionen des Literaturmarktes und deren Einfluss auf die Auswahl und Veröffentlichung von Texten.

Die thematischen Bausteine des Unterrichtsmodells

Baustein 1

Einstiege und Hinführungen

Im folgenden Baustein werden verschiedene Annäherungsmöglichkeiten an den Roman „Houwelandt" vorgestellt. Diese bieten den Schülerinnen und Schülern zum einen die Möglichkeit, sich dem Themenbereich „Familie" phänomenologisch anzunähern, aber auch erste Eindrücke zur subjektiven Bedeutung von Familie zu gewinnen und sich deren Funktion im Hinblick auf individuelle und gesellschaftliche Zusammenhänge bewusst zu werden.

1.1 Phänomen Familie: Historische und aktuelle Aspekte

Neben Freundschaften, Schule, Hobbys und Freizeitgestaltung ist für Schülerinnen und Schüler kaum ein Thema so aktuell wie das der Familie. Die Schülerinnen und Schüler sind dabei von einer Vielzahl von Familienmodellen und Erfahrungen mit Familie geprägt, die ihre Sichtweise nachhaltig beeinflussen: Familie als Ort der Sicherheit und Geborgenheit kann dabei ebenso zum Erfahrungshorizont gehören wie Erlebnisse mit Scheidungen oder problematischen Geschwisterbeziehungen. Ein und dasselbe Familienmodell, wie z. B. eine Patchworkfamilie, kann vom einen als Bereicherung, vom anderen als Belastung erlebt werden.

Der hier vorgeschlagene Einstieg greift diese Diversität auf, indem zunächst visuelle Eindrücke von Familien gesammelt und vorgestellt werden. Die SchülerInnen und Schüler erhalten vorbereitend für den Einstieg in die Einheit die Hausaufgabe, Bilder von der eigenen Familie mitzubringen oder alternativ dazu Familienbilder von Verwandten, aus Zeitschriften oder dem Internet zusammenzustellen. Anregungen und Beispiele bietet auch **Arbeitsblatt 1** auf S. 19. Diese Bilder werden zu Beginn der Stunde im Klassenraum ausgelegt und von der gesamten Lerngruppe gesichtet. Dabei können erste Eindrücke im Gespräch ausgetauscht werden. Danach erhalten die Schülerinnen und Schüler den Auftrag, zu zweit ein Bild auszuwählen und ihre Wahl zu begründen:

- *Betrachten Sie die ausgelegten Bilder und sammeln Sie erste Eindrücke zu den darauf abgebildeten Familien.*
- *Wählen Sie zu zweit ein Bild aus und begründen Sie Ihre Wahl.*

Die Erfahrungen mit diesem Einstieg zeigen, dass die Schülerinnen und Schüler bei ihrer Auswahl auf unterschiedlichste Bildeigenschaften reagieren. So kann z. B. ein historisches Foto ebenso Aufmerksamkeit erregen wie ein Familienbild, das auf einen Migrationshintergrund schließen lässt. Gerade diese Bandbreite jedoch eröffnet die Möglichkeit, möglichst viele Aspekte zum Thema Familie zusammenzutragen.

Die anschließende Auseinandersetzung mit dem Bild erfolgt über einen Schreibauftrag. Die Schülerinnen und Schüler werden aufgefordert, den Personen oder einer Auswahl von Personen auf dem gewählten Bild Namen zu geben und in Stichworten oder ausformuliert fiktive Biografien zu verfassen, die Auskunft geben über das vermutete Alter, die Tätigkeit, den Stand innerhalb der Familie u. Ä. Der Arbeitsauftrag dazu lautet wie folgt:

■ *Verfassen Sie zu zweit in Stichworten fiktive Biografien zu den Personen auf den Fotos. Geben Sie den Personen dabei Namen, Alter, Berufstätigkeit usw. Überlegen Sie sich auch, welche Rolle die Person in der Familie spielen könnte.*

■ *Tragen Sie Ihre Texte anschaulich vor und begründen Sie Ihre Überlegungen.*

Nach einer ersten Vorstellung können in der Auswertungsphase verschiedene Aspekte reflektiert werden, zu denen auch die übrigen Bilder herangezogen werden können, insbesondere solche mit historischem Hintergrund. So kann es sich z. B. erweisen, dass die Schülerinnen und Schüler manche Bilder mit sehr bürgerlichen und traditionellen Familienvorstellungen verknüpfen (z. B. „Herr Mayer ist Versicherungsvertreter und Alleinernährer der Familie", „Frau Mayer war früher Lehrerin und ist jetzt Hausfrau"), die Aufschluss darüber geben, welche Vorstellungen die Schülerinnen und Schüler von Familie haben. Um diese später bündeln und vertiefen zu können, sollten zwei Schüler in Stichworten die Diskussion protokollieren und am Ende der Diskussion diese Stichworte vorstellen.

Gemeinsam wird anschließend auf der Basis dessen als Ergebnissicherung ein Tafelanschrieb erstellt, der die genannten Aspekte zusammenfasst. Der Auftrag an das Plenum lautet dabei wie folgt:

■ *Überlegen Sie, unter welchen Gesichtspunkten die bisherigen Erkenntnisse und Eindrücke zum „Phänomen Familie" zusammengefasst werden können.*

Ein solches Tafelbild kann z. B. die folgenden Aspekte beinhalten:

Phänomen Familie: historische und aktuelle Aspekte

- Familienmodelle unterliegen einem historischen Wandel (von der Großfamilie zur Kleinfamilie)
- Die Rollenverteilung in der Familie hat sich verändert (z. B. durch Elternzeit auch für Väter)
- Familienleben wird von ökonomischen Bedingungen beeinflusst (Arbeitslosigkeit, ein Einkommen, zwei Einkommen etc.)
- Idealvorstellung und Realität von Familienleben klaffen oft auseinander (Scheidungen, Gewalt etc.)
- Familie war und ist ein wichtiger Bezugspunkt im Leben von Menschen
- …

Baustein 1: Einstiege und Hinführungen

1.2 Baukasten Familie: Einen Stammbaum erstellen

Eine weitere Möglichkeit, die Schülerinnen und Schüler unmittelbar in der Realität ihrer eigenen Familie anzutreffen, ist der Familienstammbaum. Dazu wird ihnen zunächst ein Beispiel, in diesem Fall das prominente Beispiel der englischen Königsfamilie, vorgelegt (**Arbeitsblatt 2**, S. 20). Die Schüler beschreiben zunächst, was auf der Abbildung zu erkennen ist, und werden dann gefragt, was sie mit einem solchen Stammbaum verbinden:

- *Beschreiben Sie, was auf dieser Abbildung zu erkennen ist.*
- *Welche Assoziationen weckt ein solcher Familienstammbaum bei Ihnen?*

Häufig werden hier Assoziationen wie „Tradition", „Erbe", aber auch „Verpflichtung", „familiäres Aufgehobensein" oder „Enge" genannt.
Anschließend werden die Schülerinnen und Schüler aufgefordert, mithilfe von **Arbeitsblatt 3**, S. 21, einen Stammbaum für ihre Familie zu erstellen. Dies kann ggf. in der Stunde begonnen und dann zur Fertigstellung als Hausaufgabe aufgegeben werden, da die Schüler meist weitere Informationen von Verwandten erfragen müssen. Hilfreich kann die gemeinsame Bestimmung von Symbolen sein, mit deren Hilfe Aspekte eingetragen werden können, die über reine Verwandtschaftsbeziehungen hinausgehen. Denkbar sind z. B. folgende Symbole, die jedoch noch durch individuelle Wünsche der Lerngruppe ergänzt werden können (so werden z. B. bei der Arbeit mit Genogrammen gelegentlich auch Haustiere mit aufgenommen):

Der Arbeitsauftrag dazu lautet wie folgt:

- *Erstellen Sie mithilfe des Arbeitsblattes und der Symbole einen Familienstammbaum Ihrer Familie.*

Da die Stammbäume teilweise sehr private Informationen enthalten können, sollte darauf geachtet werden, dass die Schülerinnen und Schüler ihre Ergebnisse freiwillig vorstellen bzw. zuvor nur die Informationen eingetragen haben, die sie mit der Lerngruppe teilen möchten. Die anschließende Auswertung und Überleitung zum Roman basiert auf der durch den Einstieg ausgelösten Bewusstwerdung der eigenen Herkunft und Verstrickung in Familienkonstellationen. Folgende Impulsfragen können dabei als Anregung dienen:

- *Was hat die Erstellung des Stammbaums hinsichtlich der Wahrnehmung Ihrer eigenen Familie bei Ihnen bewirkt?*
- *Welche Zusammenhänge sehen Sie zwischen der Stammbaumarbeit und dem Roman „Houwelandt"?*
- *Welche der Figuren aus „Houwelandt" würde wohl einen Stammbaum erstellen? Welche nicht?*

Durch die Erstellung eines Familienstammbaums werden den Schülerinnen und Schülern häufig ihre enge Bindung an die Familie und die diachrone Dimension des Familienlebens bewusster. Manche erkennen, dass problematische oder positive Beziehungen innerhalb einer Familie weitergegeben werden können oder dass sich Brüche in einer Familiengeschichte abzeichnen, die bis in spätere Generationen hinein nachwirken. Der Bezug zu „Houwelandt" ergibt sich bereits daraus, dass drei aufeinander folgende Generationen der männlichen Linie thematisiert werden (Jorge, Thomas, Christian) und diese ein sehr unterschiedlich ausgeprägtes Familienbewusstsein aufweisen: von Jorges Ablehnung über Thomas' Antagonismus bis hin zu Christians Idealisierung von Familienleben. Jorge selbst ist die Figur, die demzufolge am wenigsten an der Erstellung eines Stammbaums interessiert wäre; Esther hingegen, die einen stark ausgeprägten Familiensinn hat, würde wohl am stärksten dazu neigen.

1.3 Mikrokosmos Familie: Eindrücke und Meinungen

Eine weitere Einstiegsmöglichkeit bietet die Zusammenstellung verschiedener Zitate und Aussprüche zum Thema „Familie" auf **Arbeitsblatt 4**, S. 22. Sie beleuchten unterschiedliche Facetten des Phänomens und sensibilisieren die Schülerinnen und Schüler auf diese Weise für die Bandbreite von Einstellungen und Haltungen zur Familie.

Die Schülerinnen und Schüler werden dabei zunächst gebeten, die Zitate, die auf Folie vorgestellt werden, zu lesen und eines auszuwählen, das ihnen in besonderer Weise ins Auge fällt – sei es, dass es ihren eigenen Ansichten entspricht, sie provoziert oder aus anderen Gründen interessant ist:

■ *Lesen Sie die Zitate durch und wählen Sie eines aus, das Ihnen besonders auffällt. Begründen Sie Ihre Wahl.*

In der anschließenden Diskussionsphase erhalten die Schülerinnen und Schüler die Möglichkeit, ihre Eindrücke und Meinungen zu äußern und gegenseitig zu kommentieren, bevor die Aussagen der Zitate und der Schülerinnen und Schüler in einer Mindmap gebündelt werden. Der Arbeitsauftrag dazu lautet wie folgt:

■ *Erstellen Sie zu zweit eine Mindmap oder einen Ideenstern, worin Sie zentrale Aspekte der Zitate und der Diskussion mithilfe von Stichwörtern darstellen.*

Die Mindmap oder der Ideenstern wird anschließend an der Tafel mit den Schülerbeiträgen gefüllt und durch einen Anschrieb gesichert. Er kann z. B. folgende Aspekte enthalten:

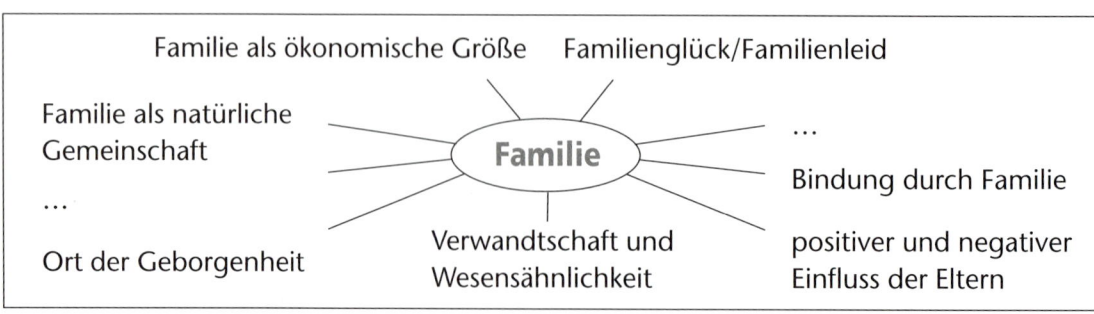

Familienbilder

■ Verfassen Sie zu zweit in Stichworten fiktive Biografien zu den Personen auf den Fotos. Geben Sie den Personen dabei Namen, Alter, Berufstätigkeit usw. Überlegen Sie auch, welche Rolle die Person in der Familie spielen könnte.

Der Stammbaum der britischen Königsfamilie

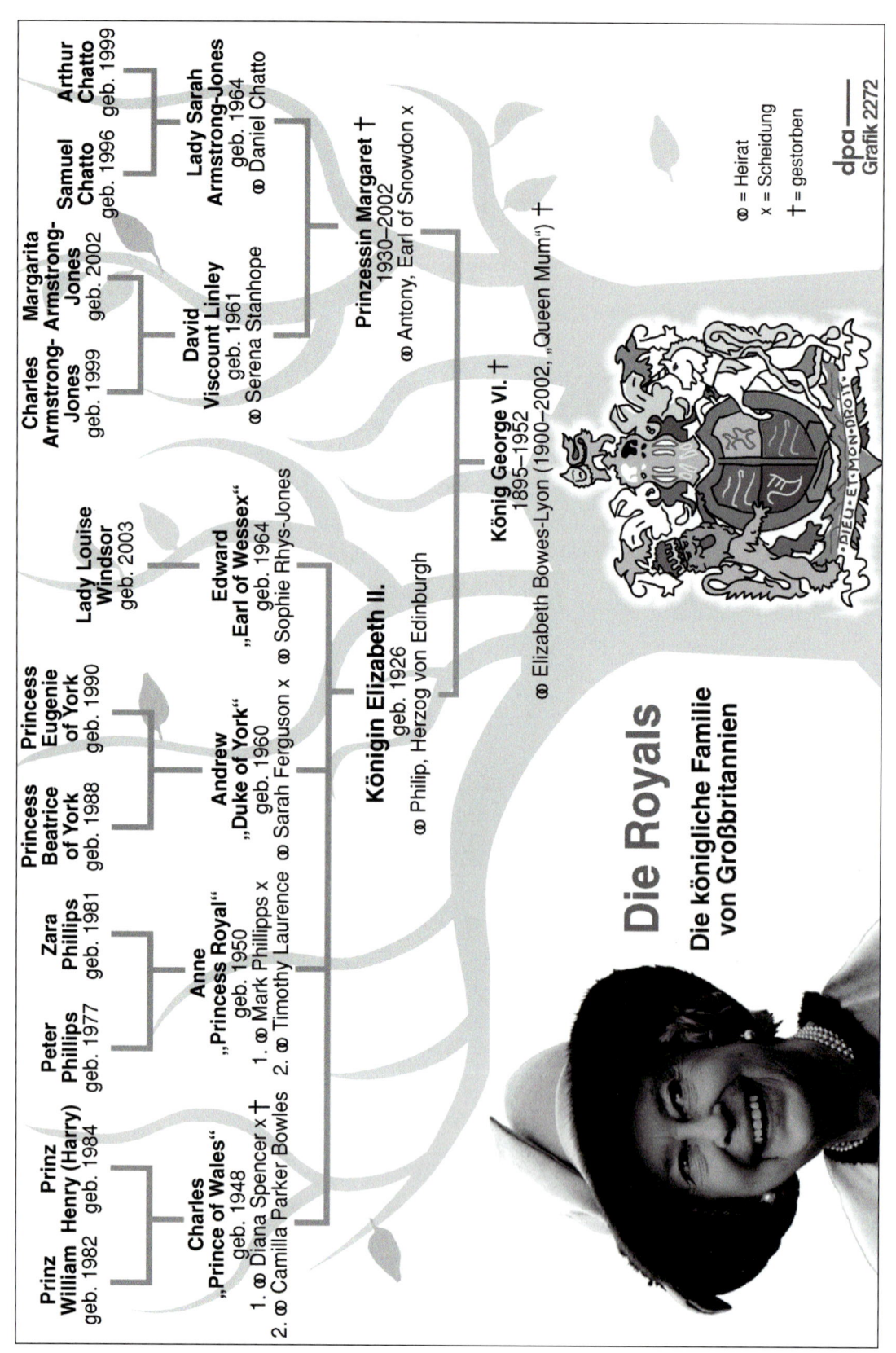

- Beschreiben Sie, was auf dieser Abbildung zu erkennen ist.
- Welche Assoziationen weckt ein solcher Familienstammbaum bei Ihnen?

Stammbaum der Familie _____

Großeltern väterlicherseits   Großeltern mütterlicherseits

■ *Erstellen Sie mithilfe des Arbeitsblattes einen Stammbaum Ihrer Familie beginnend bei den Großeltern.*

Mikrokosmos Familie: Eindrücke und Meinungen

> Alle glücklichen Familien gleichen einander. Jede unglückliche Familie ist auf ihre eigene Art unglücklich.
> Leo Nikolajewitsch Graf Tolstoi, russischer Schriftsteller (1828 – 1910)

> Diejenigen Naturen, die sich beim Zusammentreffen einander schnell ergreifen und wechselseitig bestimmen, nennen wir verwandt.
> Johann Wolfgang Goethe, deutscher Dichter (1749 – 1832)

> Das Wort „Familienbande" hat einen Beigeschmack von Wahrheit.
> Karl Kraus, österreichischer Schriftsteller (1874 – 1936)

> Familie ist und bleibt der Ort, wo Menschen in ganz besonderer Weise mit ihren Eigenheiten, Stärken und Schwächen angenommen werden.
> Hannelore Rönsch, deutsche Politikerin (CDU) (*1942)

> Die ganze Familienideologie ist ein sehr regressives Konzept. Die großen Werke der Weltliteratur handeln nicht von Familienglück, sondern von Familienhorror.
> Jack Nicholson, amerikanischer Filmschauspieler (*1937)

> Eltern verzeihen ihren Kindern die Fehler am schwersten, die sie ihnen selbst anerzogen haben.
> Marie Freiin von Ebner-Eschenbach, österreichische Schriftstellerin (1830 – 1916)

> Die Familie ist ein steuerlich begünstigter Kleinbetrieb zur Fertigung von Steuerzahlern.
> Wolfram Weidner, deutscher Journalist und Aphoristiker (*1925)

> In der Wahl seiner Eltern kann man nicht vorsichtig genug sein.
> Paul Watzlawick, amerikanischer Psychiater und Schriftsteller österreichischer Herkunft (1921 – 2007)

> Die Familie ist die älteste aller Gemeinschaften und die einzige natürliche.
> Jean-Jacques Rousseau, schweizer Philosoph, Schriftsteller und Staatstheoretiker (1712 – 1778)

■ *Erstellen Sie zu zweit eine Mindmap oder einen Ideenstern, worin Sie zentrale Aspekte der Zitate und der Diskussion mithilfe von Stichwörtern darstellen.*

Baustein 2
Figuren und Figurenkonstellation

In Baustein 2 werden die wichtigsten Figuren des Romans erarbeitet und in ihren Beziehungen zueinander erfasst. Der Schwerpunkt liegt – der Konzeption des Romans entsprechend – auf den männlichen Figuren Jorge, Thomas und Christian. Die Charakterisierungen ermöglichen ein tieferes Verständnis der innerfamiliären Zusammenhänge der de Houwelandts sowie der Funktionalität der einzelnen Figuren innerhalb des Textgefüges.

2.1 Die Figurenkonstellation des Romans

Eine erste Übersicht zur Figurenkonstellation des Romans erfolgt im direkten Anschluss an die Einstiege, die in Baustein 1 dieses Modells näher erläutert sind. Die Schülerinnen und Schüler erhalten den Auftrag, die Figurenkonstellation in Diagrammform darzustellen und mit ersten Stichworten zum jeweiligen Charakter der Beziehungen zu versehen. Wie sie das Diagramm strukturieren, wird den einzelnen Gruppen überlassen. Hilfreich kann es jedoch sein, den Schülern Symbole an die Hand zu geben, wie sie z. B. in Baustein 1.1 aufgeführt sind. Der Arbeitsauftrag lautet:

■ *Erarbeiten Sie in Ihrer Gruppe ein Diagramm, auf dem Sie die Figurenkonstellation des Romans darstellen. Wählen Sie eine übersichtliche Anordnung, die die wichtigsten Figuren berücksichtigt und erste Stichworte zum Charakter der jeweiligen Beziehung beinhaltet.*

Ein Lösungsvorschlag zu dieser Aufgabenstellung findet sich auf **Arbeitsblatt 5**, S. 36, das ausgeteilt und mit den Schülerideen verglichen werden kann.
Alternativ kann die Figurenkonstellation über ein Standbild erarbeitet werden. Eine Methodenhilfe dazu findet sich auf **Arbeitsblatt 6**, S. 37. Die Schülerinnen und Schüler erhalten Namenskarten, die ihnen eine Figur zuweisen. Um die Gruppengröße überschaubar zu halten, sollte in dieser Phase die Kernkonstellation der Familie im Vordergrund stehen, also die drei Paare Jorge-Esther, Thomas-Beate und Christian-Ricarda. Der Arbeitsauftrag lautet wie folgt:

■ *Gestalten Sie in Ihrer Gruppe ein Standbild, das die Figurenkonstellation des Romans und die Beziehungen der einzelnen Figuren zueinander darstellt.*

Die exemplarische Auswertung von zwei oder drei Standbildern, die fotografisch gesichert und den Schülerinnen und Schülern für ihre Unterlagen zur Verfügung gestellt werden, erfolgt im Plenum mithilfe von Ergänzungen der anderen Gruppen. Leitfragen für die Auswertung können z. B. sein:

■ *Wie wirkt das Standbild auf Sie? Begründen Sie.*

■ *Was fällt Ihnen als Erstes an diesem Standbild ins Auge? Warum?*

■ *Trifft das Standbild Ihrer Ansicht nach den Charakter der Beziehungen?*

- *Worin weichen Ihre Standbilder ab?*
- *Was würden Sie an diesem Standbild verändern?*
- *Welche Hinweise für diese Darstellung finden sich im Text?*
- …

Die Standbilder können anschließend gemeinsam dahin gehend ergänzt werden, dass Figuren wie Darío, Luisa oder die Lobecks hinzugefügt werden.

Folgende inhaltliche Aspekte sollten sich mindestens im Arrangement wiederfinden: Jorges Distanz zu den anderen Figuren; Darío steht Jorge näher als Esther; Esthers und Beates Nähe durch die gemeinsame Festvorbereitung; Thomas' negative Einstellung zu Jorge; Thomas, der sich zwischen Jorge und Christian stellt, um Christian abzuschirmen; Thomas' und Beates ambivalente Einstellung zueinander; Christian ist Ricarda stärker zugewandt als sie ihm.

2.2 Zentrale Figuren[1]

2.2.1 Jorge de Houwelandt

Selbst aus zerrütteten Familienverhältnissen stammend und lange im katholischen Internat untergebracht (S. 153 und 270 ff.), ist Jorge de Houwelandt eine Figur, die das eigene wie das familiäre Leben durch rigide Strukturen prägt. „Sein Leben bestand aus einer strikten Abfolge von Ritualen", so Esther (S. 17), die er nicht nur sich, sondern auch den anderen Familienmitgliedern auferlegt hat. Einblick gewährt hier eine Erinnerung von Thomas, der ein einstiges väterliches „Kloverbot" (S. 102 ff.) in seinem Redemanuskript thematisiert: So schildert er, wie der Vater es den Kindern verbot, innerhalb von zwei Stunden nach einer Mahlzeit eine Toilette aufzusuchen, um zu vermeiden, dass „das im Schweiße seines Angesichts verdiente täglich Brot umgehend in die Kanalisation" (S. 103) abgeführt und damit nicht ausreichend verdaut werden könnte. Strenge Askese, autoritärer Habitus und emotionale Distanz bestimmen die Figur, von der sich die Kinder weitgehend losgesagt haben. Seine Neigung zur Selbstbeschränkung geht so weit, dass er „sich immer stärker gefühlt [hatte], je weniger er wurde" (S. 96).

Sein unbedingter Wille ist nicht zuletzt eine Folge seiner missglückten Auseinandersetzung mit Religion und Glaube. Tief verwurzelt in Jorge ist ein Zweifel an seiner Fähigkeit, „die rechte Tiefe" (S. 144 und 153) zu finden; die „Begabung" zu glauben spricht er sich ab. Als er dies als Junge zum ersten Mal spürt, beginnt er mit „Exerzitien": Allabendlich hängt er sich – nach einem Sturz auch mithilfe von Fesseln – bis zur Erschöpfung im Schlafsaal des Internats an die Vorhangstange am Fenster, „entschlossen, dort so lange auszuharren, bis Gott Tag werden ließ und ihn erlöste" (S. 153). Die Schmerzen, die er dabei erleidet, bekämpft er durch das Memorieren von Zahlen und Logarithmen, die fortan emotionale Zuflucht für ihn bedeuten. Nach wie vor aber findet er nicht die ersehnte Gottgefälligkeit und Vergebung, sondern lediglich die besondere Fähigkeit, Schmerz zu erdulden: „Er besaß diese ungewöhnliche Begabung zum Schmerz. Wenn es darum ging, hart zu sein, war er der Begabteste von allen." (S. 156) Die Folgen erreichter Gottgefälligkeit im Internat, nämlich „Gnade", „Vergebung", „Gunst" und „Nachsicht" von „Gott und den Patern" (S. 156), werden ihm nicht zuteil. Bestätigende Lebendigkeit erlebt Jorge folglich nicht im menschlichen Miteinander, sondern lediglich – unter negativen Vorzeichen – durch den Schmerz, den er sich selbst zufügt. Sehnsucht nach Lebendigkeit und Überschreitung der aus der eigenen Glaubens- und Fami-

---

[1] Die Ausführungen zu den einzelnen Figuren sind teilweise wörtlich entnommen aus: Sosna, Anette: Der Traum von der heil(ig)en Familie? John von Düffels Roman Houwelandt im Deutschunterricht. In: Literatur im Unterricht, 12. Jahrgang, Heft 1/2011, S. 39 – 49.

lienproblematik resultierenden Begrenzungen scheint im Roman nur punktuell auf. So bietet das Schwimmen im Meer Jorge die Möglichkeit, „Teil von etwas Größerem" (S. 24)[1] zu sein, wenn auch dies stellenweise ambivalent bleibt und mit Schmerzen assoziiert wird. Das Meer erlebt er als „Tier", das ihn trägt, dessen „weiches Fell" er fühlt und das ihm ein „Gefühl des Entronnenseins" vermittelt (S. 10).[2] Auch ist er nicht frei vom Bedürfnis nach menschlichen Beziehungen, was sich darin zeigt, dass er wider Erwarten sowohl – vorübergehend – seine Frau Esther als auch den Jungen Darío, in dem er einen Seelenverwandten erkennt, nach einer gewissen Zeit der Abwesenheit vermisst (S. 65 und 213).[3] Christof Hamann konstatiert für die Beziehung zwischen Darío und Jorge zwar zu Recht, dass die beiden Figuren gerade aufgrund ihren rigiden Willens „unerreichbar" füreinander bleiben, doch sind ihre Ziele nicht so unterschiedlich, wie Hamann dies hervorhebt:[4] Dass Jorge glauben und der Junge nach Afrika zu seinem Vater schwimmen will, zeugt beides von dem Bedürfnis der Figuren, die eigene Lebenswelt und -ordnung zu überschreiten und Grenzen zu überwinden.

Mit seiner Isolation und sozialen Distanz unterläuft Jorge de Houwelandt die Bedeutung, die der Familie als Institution durch Esther zugesprochen wird. Ihre Initiative lehnt er ab und zieht sich unter Berufung auf seine Autorität als Familienoberhaupt zurück – womit er sich argumentativ paradoxerweise doch eines familiären Topos bedient: „Er konnte die Feier noch immer absagen. Er war das Familienoberhaupt. Wenn er nicht wollte, würde sein Geburtstag nicht stattfinden, alle würden bleiben, wo sie waren. Er, Jorge, brauchte kein Fest." (S. 9) Einen sozialen Bezugspunkt findet er nur außerhalb der Familie in Darío, einem zwar seelen-, aber nicht blutsverwandten „Bastard" (S. 92), den er an seines von ihm verachteten Sohnes Thomas statt annehmen will – als „Rache für das Fest" (S. 215).

Eine erste Annäherung an die Figur Jorge de Houwelandt erfolgt über das Gemälde „Mönch am Meer" von Caspar David Friedrich (**Arbeitsblatt 7**, S. 38). Die Schülerinnen und Schüler beschreiben zunächst, ohne den Titel zu kennen, was sie auf dem Gemälde sehen:

> ■ *Beschreiben Sie die Abbildung.*
>
> ■ *Welche Wirkung hat das Gemälde auf Sie? Um wen könnte es sich bei der Figur im Bildvordergrund handeln?*

Nach der Sammlung erster Eindrücke kann die Überleitung zum Roman mithilfe der Frage erfolgen, auf welches Stundenthema die Wahl des Einstiegs schließen lässt. In aller Regel erfassen die Schülerinnen und Schüler sehr zügig, dass Jorge de Houwelandt im Mittelpunkt steht, und können anschließend nach Zusammenhängen zwischen Gemälde und Figur befragt werden. Verschiedene Aspekte können hier genannt werden, z. B.
- Jorges Einsamkeit und Isolation (einsamer Mönch bei Friedrich),
- Jorges mönchisch-asketische Charakterzüge,
- das Meer als wesentliches Element für Jorge,
- Ähnlichkeiten zur Anfangsszene des Romans (Perspektive Esthers vom Strand aus auf Jorge im Meer),
- der Blick über das Meer auf ein unsichtbares anderes Ufer im Gemälde (Jorges Distanz zu anderen Menschen und zur Familie),
- Jorges Gottbezug (Weite und Dominanz des Himmels im Gemälde),
- …

---

[1] Zur Ambivalenz s. S. 23: „Er verspürte eine Nähe zu der Grausamkeit des Elements wie einen tiefen, tröstlichen Schmerz."

[2] Neben der Nähe zum Element Wasser zeigt Jorge auch Freude am Garten, vgl. S. 49, und spricht mit Pflanzen, vgl. S. 291.

[3] Vgl. auch die letzte Lebensphase Jorges, in der auf den Jungen fixiert bleibt (ebd., S. 293).

[4] Hamann, Christof: Grenzen und Grenzverletzungen im Generationenroman. John von Düffels *Houwelandt* und Arno Geigers *Es geht uns gut.* In: Familien Erzählen. Das literarische Werk John von Düffels. Hg. v. Stephanie Catani und Friedhelm Marx. Göttingen 2010, S. 145–160, hier S. 152. Hamann führt seine Untersuchung vor dem Hintergrund von Jurij Lotmans semiotischem Raumkonzept durch.

Den Schülerinnen und Schülern wird anschließend eine Schwarz-Weiß-Kopie des Gemäldes ausgeteilt, verbunden mit der Aufforderung, den oberen Teil des Gemäldes, also den Horizont, mit Stichworten zu füllen, die Jorges Welt beschreiben. Diese werden danach gemeinsam auf Folie zusammengestellt. Denkbar sind z. B. folgende Stichworte: Disziplin, Glaube, Verzicht, Gefühlskälte, Verschlossenheit, Schmerz, Stolz, Erziehung, Genügsamkeit, Darío, Willensstärke, Esther, Meer, Ordnung, Routine, Rechnen, Einsamkeit, Sparsamkeit u. a. m. Die Sammlung wird abschließend einer Gewichtung unterzogen:

■ *Überlegen Sie, welche Begriffe besonders wichtig für das Verständnis der Figur Jorge de Houwelandt sind.*

Im Unterrichtsgespräch sollten 4 – 6 Begriffe bestimmt werden, die anschließend – entsprechend der Anzahl der Begriffe, in Gruppen näher beschrieben und in ihrer Bedeutung für die Hauptfiguren erschlossen werden. Zurückgestellt werden sollte hier jedoch der Aspekt des Schwimmens, der als zentrales Motiv eigens behandelt wird. Besonders geeignet für die Gruppenarbeit sind die folgenden Begriffe, für die den Schülerinnen und Schülern auch die angegebenen Textstellen an die Hand gegeben werden können:

- Schmerz (z. B. S. 39, 42 – 44, 153 f., 295)
- Darío (z. B. S. 91 – 99, 282 ff.)
- Esther (z. B. S. 65, 146, 215, 273 – 276, 278)
- Exerzitien/Askese (z. B. S. 48 f., 96, 153 ff., 266 f.)
- Gott/Glaube (z. B. S. 144, 153, 274 ff.)
- Rechnen (z. B. S. 269, 273 ff.)

Die Schülerinnen und Schüler sollten jedoch dazu angehalten werden, auch darüber hinausgehende Textstellen zu berücksichtigen, soweit diese ihnen präsent sind. Der Arbeitsauftrag, dessen Ergebnisse gruppenweise auf Folie gesichert und für alle kopiert werden, lautet wie folgt:

■ *Erschließen Sie die Bedeutung des Begriffs für die Figur Jorge de Houwelandt mit eigenen Worten auf der Basis von Textstellen. Formulieren Sie eine kurze Zusammenfassung Ihrer Ergebnisse.*

Diese Arbeitsphase findet ihren Abschluss durch die Präsentation der Ergebnisse und die Besprechung derselben im Plenum. Mögliche Ergebnisse können sein:

Gott, Glaube:

- stammt aus einem Elternhaus, das nicht „fromm" ist, und ist auch selbst nicht „fromm" (S. 156)
- strenge Erziehung im katholischen Internat
- sieht sich als „zum Glauben nicht begabt" (S. 155)
- hat „kein Talent zu Gott" (S. 155 f.)
- die Botschaft der Liebe bleibt leer für ihn (S. 274)
- „Er hatte die Idee der Gnade nie verstanden – wie konnte ein gerechter Gott gnädig sein?" (S. 268)
- „es war ihm nicht gegeben zu lieben" (ebd.)
- „Er fürchtete und respektierte Gott, rang und kämpfte mit Ihm, aber lieben konnte er Ihn nicht. Gott war wie der Schmerz – sein Gegner und sein Los." (S. 274 f.)
- empfindet lähmende Leere (S. 97)
- „Seine Gottgefälligkeit war Maskerade geblieben." (S. 275)

→ findet keine Nähe zu Gott, ist unfähig zu Glaube und Liebe

Askese/Exerzitien/Schmerz:

- erfindet „Exerzitien", um die „rechte Tiefe" (S.153), die ihm im Glauben fehlt, zu suchen
  → fügt sich Schmerzen beim Hängen zu
- lebt karg und sparsam, wirft Lebensmittel nur widerwillig weg; neigt dazu, immer das Gleiche zu essen (S. 48 f.)
- „Jorge hatte sich immer stärker gefühlt, je weniger er wurde." (S. 96)
- „Was er verstand, waren die Stockhiebe auf der bloßen Haut und der atemberaubende Druck der Riemen um seine Brust." (S. 268)
- Schmerz begleitet ihn „wie ein Schatten" (S. 39)
- kämpft gegen den Schmerz (S. 44)
- „Nur in einer Hinsicht war er den anderen weit voraus: Er besaß diese außergewöhnliche Begabung zum Schmerz. Wenn es darum ging, hart zu sein, war er der Begabteste von allen." (S. 156)
- der Schmerz wird zum Zeitpunkt der Romanhandlung auch physisch durch schwere Arthrose und Prostatakrebs verursacht (S. 295)

→ Verzicht und Selbstkasteiung geben Jorges Leben Sinn und lassen ihn sich stark fühlen.

Rechnen:

- Zahlen bieten ihm im Internat Halt, als er ins Nichts abzustürzen droht (S. 269)
- Rechnen als „Rettung" (ebd.)
- „Es war, als hätte er Gott gezeigt, dass es Gesetzmäßigkeiten gab, die auch in Seiner Abwesenheit galten." (ebd.)
- „Jorge träumte davon, Gott vorzurechnen, dass er nicht ganz und gar verlassen war, dass es ein Reich der Zahlen und Formen gab, aus dem nicht einmal Er ihn verstoßen konnte." (ebd.)
- Jorge promoviert in Mathematik (S. 87 f.)
- Mathematik als „klare[s], kalte[s] Gebet" (S. 276)

→ als Flucht, Rettung vor dem Absturz und Mittel in der Auseinandersetzung mit Gott

Esther:

- „Esther gehörte zu seinem inneren Kompass. Sie war ein fester Bestandteil seiner nur sehr wenige Menschen umfassenden Welt." (S. 65)
- vermisst seine Frau wider Erwarten (S. 65)
- empfindet sie als Störung seiner Routine (S. 146 f.)
- „Alles, was sie erzählte, befand sich ganz und gar außerhalb seiner Welt." (S. 147)
- will Darío ohne Absprache mit ihr zur Familie nehmen (S. 215)
- bewundert Esthers Tapferkeit (S. 273)
- „Er konnte sich keinen anderen Menschen in seiner Nähe vorstellen." (S. 274)
- hat gelogen, als er ihr seine Liebe versprach, denn „[er] hatte nichts zu versprechen" (S. 274)
- hat sie geheiratet, weil sie der erste Mensch war, „der Geduld mit ihm hatte" (S. 276)
- sieht rückblickend, dass er nicht fähig zur Liebe für Esther war (S. 278)

→ Esther gehört zu seiner Routine und gibt Halt, er kann ihre Liebe jedoch nicht erwidern.

Darío:

- Jorge sieht in Darío einen Seelenverwandten
- „Es war das erste Mal, dass er auf einen Menschen traf, der ihm in seiner Begabung zum Schmerz ebenbürtig schien, der vielleicht sogar tapferer war als er." (S. 158)

- will ihn als Teil der Familie aufnehmen (S. 215)
- „Er konnte nichts anderes denken als diesen Namen, und der Gedanke machte ihn unsagbar froh. […] Wenn es für Jorge überhaupt so etwas wie Liebe gab, dann liebte er diesen Jungen. Er liebte ihn, wie er sich selbst niemals lieben konnte. Darío war ihm ähnlich, nur ungleich kostbarer als er." (S. 283)
- ist stolz auf Darío und hat Angst um ihn (S. 285)

→ Jorge sieht in Darío einen Seelenverwandten; er ruft in ihm Gefühle hervor, die er zuvor nicht empfinden konnte

Eine mögliche Erweiterung dieses Vorgehens (evtl. auch als Hausaufgabe) kann über einen produktionsorientierten Arbeitsauftrag erfolgen, der mithilfe einer Außenperspektive Facetten der Figur Jorge veranschaulicht. So können die Schülerinnen und Schüler z. B. den Arbeitsauftrag erhalten, einen inneren Monolog aus der Sicht der Nachbarin Marita Lobeck zu verfassen, der Aufschluss darüber gibt, wie sie Jorge wahrnimmt:

■ *Verfassen Sie anknüpfend an die Begegnung von Esther, Jorge, Marita und Hermann auf S. 42 ff. einen inneren Monolog Marita Lobecks, in dem sie sich über Jorge äußert.*

Ein mögliches Ergebnis, das Jorges befremdliches und distanziertes Verhalten verdeutlicht, könnte wie folgt gestaltet werden (Schülerbeispiel):

„Da sitzt er wieder, überheblich wie immer. Ist einfach an uns vorbeigelaufen, ohne ein Wort zu sagen. Wir sind ihm wohl nicht gut genug! Wie Esther das aushält? Sie scheint ganz anders zu sein als er. Aber allein nach Deutschland? Die Jüngste ist sie ja nicht mehr. – Hat Esther ihm das etwa noch gar nicht gesagt? Sie schaut ihn nicht einmal an. Er scheint gar nicht zu bemerken, was sie sagt. Esther ist auf einmal so unterwürfig, als würde sie ihn fürchten. Aber wer tut das nicht? Er hat so eine Ausstrahlung, da wird einem ganz kalt. Aber warum die Geburtstagsfeier? Sonst haben sie ja auch nie gefeiert. Geschweige denn, dass je Besuch gekommen wäre. Von der restlichen Familie sieht man hier nichts. Aber kein Wunder: Jorge verbreitet immer nur schlechte Stimmung, egal, wo er auftaucht. Ich weiß gar nicht, warum wir zu ihm überhaupt noch freundlich sind. – Da geht er wieder. Lässt Esther allein sitzen und kann gar nicht schnell genug wegkommen. Warum der es bloß immer so eilig hat, nie irgendwo länger bleiben kann? Dabei hätte er doch jetzt alle Zeit der Welt."

2.2.2 Thomas

Mit seiner Weichheit und Haltlosigkeit ist Thomas de Houwelandt als Figur in diametraler Opposition zu Jorge konzipiert. Nach einer Reihe beruflicher Fehlschläge, darunter eine abgebrochene Dissertation in Ur- und Frühgeschichte und zahlreiche Gelegenheitsarbeiten, verwaltet der 57-Jährige das Anwesen seiner Eltern. Dort lebt er ohne Alltagsstrukturen, Lebensrhythmus und das Bedürfnis, seiner Aufgabe nachzukommen: „[…] wenn er ehrlich war, sabotierte er diesen Sitz einer Familie, die es nicht mehr gab und nie gegeben hatte." (S. 27) Bereits die ersten Eindrücke, die dem Leser von der Figur vermittelt werden, legen Thomas' ausgeprägte Aversion gegen jede Form von Struktur und Selbstverpflichtung offen: Entgegen seiner ursprünglichen Absicht, früh aufzustehen, verschläft er, imaginiert – anstatt auf die Türklingel zu reagieren – Wetterphänomene und ringt mit einem trägen Körper, der seinem Willen nicht folgen will (S. 11f.). Sein zerrüttetes Verhältnis zu Strukturen äußert sich nicht zuletzt in einer Schreibblockade, gegen die er beim Abfassen der geplanten Geburtstagsansprache für seinen Vater ankämpft. Das Gefühl, nicht schreiben zu können, assoziiert er explizit mit der direkten oder indirekten Anwesenheit seiner Familie, sodass hier narrativ ein unmittelbarer Kausalzusammenhang hergestellt wird (S. 68). Ähnlich wie beim „Kloverbot" werden die Folgen der väterlichen Interventionen somatisiert, denn die Schreibblockade hemmt nicht nur seine Gedanken, sondern die Anspannung in seiner rechten Hand führt auch zu Taubheitsgefühlen und Schreibkrämpfen (ebd.). Sein Mangel an Willenskraft macht ihn in den Augen seines Sohnes Christian zu einem zwar gelegentlich geistreichen, aber insgesamt unzuverlässigen Feigling mit einem biografischen „Flickenteppich" (S. 84).

Im Unterschied zur statischen Figurenkonzeption Jorge de Houwelandts aber durchlebt Thomas im Verlauf der Handlung entscheidende Veränderungen, die mit dem Verfassen der Rede in Zusammenhang stehen. Nachdem Christian die Bitte seines Vaters abgelehnt hat, die Rede für ihn zu schreiben, gelingt Thomas innerhalb weniger Stunden die „geradezu rauschhafte Vollendung" (S. 100) derselben. Die eng beschriebenen fünfunddreißig Seiten betrachtet er als sein Vermächtnis, das er seinem Sohn überreicht: Der eigentliche Inhalt der Rede wird zwar nur angedeutet, doch Christians spontane Reaktion, den Vater „rächen" zu wollen, lässt darauf schließen, dass Thomas die Rede entgegen der Hoffnung seiner Mutter im Sinne einer „Generalanklage" genutzt hat (S. 197 und 245).

Die in dieser Form nicht öffentlichkeitsfähige Rede ist ein entscheidender Wendepunkt in Thomas' Biografie. Die gelungene Verschriftlichung seiner Erfahrungen, das Herstellen einer eigenen „Geschichte" im narrativen und biografisch-historischen Sinn, erlebt Thomas in ihrer befreienden Wirkung wie eine Wiedergeburt. Die für das Haus geplanten Renovierungsmaßnahmen deutet er daraufhin kurzerhand um und ‚renoviert' sich selbst (S. 162 ff.): Passend zu seinen neuen Zukunftsplänen, die auch die Suche nach einer Stelle beinhalten, kauft er einen neuen Anzug und trifft sich mit Ricarda, um sie um eine Stelle zu bitten. Zwar gelingt es ihm in dem Gespräch nicht, sein eigentliches Ansinnen vorzutragen, doch dies stört ihn nicht: „Warum sollte er sich verstellen? Er hatte noch immer keinen Job, er war keinen Schritt weiter. Doch es machte ihm nichts aus. Wenn er an seine Zeit mit Christian dachte, hatte er auf einmal nicht mehr das Gefühl, ein anderer sein zu müssen." (S. 176) Nicht nur im Rückblick auf das Verhältnis zu seinem Sohn, sondern auch im Umgang mit seiner Frau Beate, von der er getrennt lebt, gelingt Thomas nach Beendigung der Rede ein neuer Blick auf sich selbst: Nun kann er sein bisheriges Leben annehmen und als Teil seiner Identitätsfindung verstehen. Thomas fühlt sich „gelöst" und heimgekehrt, sodass – trotz gelegentlich wieder aufscheinender Schwächen – eine menschliche Versöhnung mit Beate gelingt, die eine Rückkehr in die Paarbeziehung zumindest andeutet (S. 229 ff. und 258 f.).

Der hier vorgeschlagene Unterrichtsschwerpunkt hinsichtlich der Figur Thomas nimmt zunächst eher skizzenhaft einige charakterisierende Aspekte der Figur in den Blick, um anschließend die Entwicklung der Figur auf der Basis von Textarbeit darzustellen. Als Einstieg kann die folgende Impulsfrage dienen:

> ■ *Was würde Thomas Ihrer Meinung nach auf eine einsame Insel mitnehmen?*

Die spontanen Schülerantworten werden als Notizen auf einer Tafelseite festgehalten. Genannt werden können hier Begriffe wie „Zigaretten", „der neue Anzug", „ein Stift" oder „ein Bild von seinem Sohn Christian" u. Ä. Die Begriffe dienen als eine erste Basis zur stichwortartigen Charakterisierung der Figur in Form einer Übersicht an der Tafel. Die Überleitung von der ersten Impulsfrage kann z. B. wie folgt formuliert werden:

> ■ *Auf welche Charaktereigenschaften von Thomas deuten diese Gegenstände hin? Nennen Sie weitere Charaktereigenschaften, die im Text dargestellt werden.*

Die Übersicht kann z. B. folgende erste Stichwörter zur Charakterisierung enthalten:

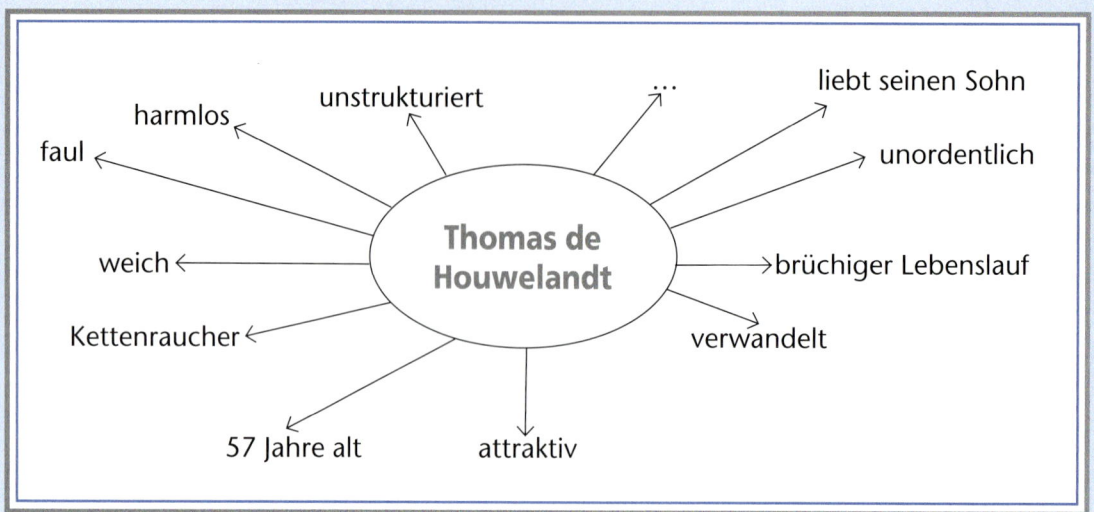

Bereits bei der Zusammenstellung erster Charakterisierungseindrücke merken die Schülerinnen und Schüler meist an, dass die Figur eine deutlich erkennbare Wandlung durchlebt. Diese Erkenntnis kann als Überleitung zum nächsten Unterrichtsschritt genutzt werden, der der Erarbeitung zentraler Stationen von Thomas' Entwicklung und der Verbildlichung mittels einer Stimmungskurve dient:

- *Stellen Sie chronologisch geordnet die wichtigsten Phasen und Stationen von Thomas de Houwelandts Entwicklung zusammen und formulieren Sie für jede Station eine Überschrift. Verweisen Sie dabei auf konkrete Textstellen.*

Die Ergebnisse der Gruppenarbeit werden anschließend gemeinsam im Plenum ausgewertet. Ein Diagramm mit Lösungsvorschlägen findet sich auf **Arbeitsblatt 8**, S. 39f. In einem letzten Schritt kann ein vertiefendes Unterrichtsgespräch dahin gehend erfolgen, dass mit den Schülerinnen und Schülern diskutiert wird, ob sich durch das Herausarbeiten der Entwicklung die Wahrnehmung der Figur, wie sie sich zu Beginn der Stunde abgezeichnet hat, verändert hat. In der Regel beurteilen die Schülerinnen und Schüler die Figur Thomas de Houwelandt am Ende der Stunde positiver als zu Beginn, da die Entwicklung zeigt, dass Thomas seine problematische Geschichte zumindest teilweise konstruktiv aufarbeitet, indem er die Rede verfasst. Ein möglicher Impuls für diese Phase kann auch eine Äußerung des Autors John von Düffel zur Figur sein:

„In gewisser Weise ist Thomas ein Versager, aber ich würde ungern von jemandem erzählen, der das Etikett Versager auf dem Kopf trägt. Ich versuche dann, die Figur von innen zu erzählen, und von innen erzählt ist Thomas eine liebenswürdige Figur, weil er weich und nachgiebig ist und sich nicht immer nur vom eigenen Willen und den eigenen Zielen steuern lässt. Zum Beispiel wenn er die Augen nach innen dreht und sich das Wetter vorstellt."

Aus: „Wenn nicht mehr Zahlen und Figuren"? Über Markt und Moden. Richard Kämmerlings im Gespräch mit John von Düffel.
In: Olaf Kutzmutz (Hrsg.): Geld, Ruhm und andere Kleinigkeiten. Autor und Markt – John von Düffel. Wolfenbütteler Akademie Texte, Band 31, Wolfenbüttel 2007, S. 17

- *Wie verstehen Sie von Düffels Absicht, eine Figur „von innen" zu erzählen?*
- *Wie beurteilen Sie von Düffels Äußerung im Hinblick auf Thomas?*

2.2.3 Christian

Der 33-jährige Journalist Christian de Houwelandt stammt aus der zerrütteten Ehe von Thomas und Beate. Er erlebt sich seinem Vater gegenüber lange in der Erzieher- und Beschützerrolle. Auf den langen Spaziergängen nach ehelichen Auseinandersetzungen beispielsweise führt nicht der Vater ihn, sondern er den Vater (S. 192). Er betrachtet ihn als Versager, für den er sich schämt (S. 130). Ihm mangelt es an jenem Ehrgeiz und jener Zielstrebigkeit, die Christian selbst bis zum Einsetzen der Romanhandlung in seinem Beruf an den Tag gelegt hat. Nun aber fühlt er sich „bereit für eine tiefgreifende Veränderung, für eine Verantwortung, die mehr umfasst […] als sein eigenes geradliniges Leben" (S. 37). Dass sein Kinderwunsch von seiner Lebensgefährtin Ricarda, einer erfolgreichen Anwältin, nicht sofort bejaht wird, sondern zunächst unkommentiert bleibt, stürzt Christian gedanklich ins Ungewisse. In der erzählten Zeit zwischen der Äußerung des Kinderwunsches und der letztendlichen Zustimmung Ricardas offenbart sich die Intensität seines Kinderwunsches, der ihn auf Schritt und Tritt begleitet: Immer wieder imaginiert er Szenen, in denen er sich Ricarda mit Kind auf dem Arm vorstellt, freut sich auf das Erwartet-Werden durch Frau und Kind (S. 46), sieht in Strampelanzügen auf Wäscheleinen „Zeichen" (S. 36) und wünscht sich eine Tochter, um Wiederholungen der familiären Muster zu vermeiden, die ein Sohn womöglich heraufbeschwören würde (S. 132): „Er träumte davon, nach Hause zu kommen zu seinen ‚beiden Mädels'. Er sah sie vor sich, Ricarda und die Kleine nach dem Stillen auf der Couch, er sah sich mit ihr im Zimmer auf- und abgehen, sah die heilige Familie selbdritt mit Kinderwagen und Sonnenschirmchen unterwegs im Stadtpark." (S. 133) Christians Wunschbild gipfelt in der überhöhenden Idealisierung von Familie als „heiliger Familie" – für ihn ein sakrosankter Ort der Geborgenheit und Sinnerfüllung. Als Ausdruck seiner Sehnsucht nach einer heilen Welt verweist diese Vorstellung in kompensatorischer Weise auf seine eigenen Verletzungen, die er während Kindheit und Jugend erlitten hat. Sie fungiert als Gegenbild zu seinen tatsächlichen Erfahrungen und verkörpert für ihn letzte kindliche Hoffnungen auf die Möglichkeit unversehrten Familienerlebens. Seine Sorge um Ricardas Antwort, die Unruhe und Angst, die ihr Schweigen in ihm auslösen, korrespondieren mit seiner kindlichen Angst vor dem Verlust der Eltern (S. 195).

Auf seine Weise entzieht sich auch Christian durch die Strategien der Überhöhung und Idealisierung dem über die Figur Esther aufgerufenen Familienbild. Die ins Religiöse übersteigerte Vision kann der Realität fast zwangsläufig nicht standhalten: So erlebt Christian denn auch durch den angesichts der Festvorbereitungen verstärkten Kontakt mit seiner Familie eine radikale Desillusionierung, die ihn – nun Familie negierend – von seinen ursprünglichen Plänen abbringt. „Ein Kind, das in diese Familie hineingeboren wurde, hatte von vornherein keine Chance", resümiert er nach einem Essen mit seiner Großmutter (S. 258) und ringt zweifelnd und angsterfüllt mit der Tatsache, dass Ricarda bereits konkrete Vorbereitungen zur Familienplanung durchführt. Erst der Schluss des Romans öffnet den Raum für eine mögliche Lösung von Christians Konflikt, indem er sich der Liebe seines Vaters bewusst wird und so zu einer Form der Versöhnung gelangt (S. 301).

Eine eingehendere Beschäftigung mit der Figur Christian bietet die Möglichkeit, Wunsch und Wirklichkeit von Familienerleben im Roman eindrücklich zu kontrastieren. Als Einstimmung hierzu dient eine Folie mit einem Babyfoto (**Arbeitsblatt 9**, S. 41), zu dem Assoziationen gesammelt werden:

> ■ *Beschreiben Sie, welche Gedanken und Gefühle diese Abbildung bei Ihnen auslöst.*

Begriffe, die von den Schülerinnen und Schülern genannt werden (wie z. B. niedlich, wehrlos, süß, hilfsbedürftig etc.) werden auf der Folie notiert. Die anschließende Frage nach dem Grund für die Wahl des Bildes führt in aller Regel direkt zu Christian, dessen Einstellung zur

Familiengründung hier evtl. kurz grob skizziert werden kann. Anhand einer Textarbeit wird Christians Vorstellung herausgearbeitet und mit seinem eigenen Familienleben kontrastiert. Als Textgrundlage bieten sich folgende Stellen an:

Christians Wunschbild von Familie: S. 34 ff., S. 36 f., S. 45, S. 132 – 135
Christians tatsächliche Erfahrungen mit Familie: S. 78, S. 81 ff., S. 128 ff., S. 191 ff., S. 248 – 266

Der Arbeitsauftrag wird arbeitsteilig durchgeführt (eine Klassenhälfte pro Schwerpunkt, innerhalb der Großgruppe Partnerarbeit) und lautet wie folgt:

■ *Arbeiten Sie anhand der Textstellen zu zweit heraus, welche Wünsche oder Erfahrungen geschildert werden, und formulieren Sie diese in Stichworten unter Angabe der entsprechenden Seitenzahlen.*

Die Ergebnisse werden anschließend im Plenum besprochen und auf Folie oder an der Tafel gesichert. Ein abschließendes Fazit für beide Bereiche sowie ein von den Schülerinnen und Schülern ausgewähltes Symbol zwischen den Spalten dient der Bündelung, Veranschaulichung und Kontrastierung der Ergebnisse, die wie folgt gestaltet werden können:

Christian de Houwelandt oder der „Traum von der heil(ig)en Familie"

Wunschbild:

- sofortige Zustimmung Ricardas zu seinem Kinderwunsch (S. 34)
- ,plant' eine Tochter, um die negative Familientradition zu brechen (S. 132)
- malt sich aus, wie er zu Hause erwartet wird („die heilige Familie selbdritt", S. 133)
- plant kinderfreundliche Urlaubsziele (S. 133), will den letzten Urlaub mit Ricarda allein genießen (S. 136)
- Sexualität ist nicht mehr Selbstzweck, sondern dient der Zeugung (S. 139)

⇓

Fazit: „er war zum Leben konvertiert" (S. 134), Familie als Lebensinhalt, Idyll und Ort der Geborgenheit

Wirklichkeit:

- kein gefühltes Zuhause, Eltern sind getrennt
- trostlose Sonntage (S. 78)
- Familie besteht aus lauter Fremden (S. 81)
- Vorwürfe an den Vater, weil er kein Vorbild war (S. 128)
- hat die Streitereien der Eltern erlebt (S. 192)
- orientierungsloses Wandern mit dem Vater (S. 192)
- kann sich auf seinen Vater nicht verlassen
- kennt den Großvater kaum (S. 130)

⇓

Fazit: Familie als gescheitertes Modell, Desillusionierung durch das Treffen mit der Großmutter (S. 248 ff.)

Abschließend werden die Ergebnisse mit den Schülerinnen und Schülern diskutiert. Impulsfragen für das Plenumsgespräch können z. B. sein:

- *Wie wirkt diese Polarisierung auf Sie?*
- *Was daran können Sie nachvollziehen, was eher nicht?*
- *Warum sind Wunsch und Wirklichkeit Ihrer Meinung nach wohl in dieser Weise kontrastiv dargestellt?*
- *…*

Möglich ist auch eine abschließende Bezugnahme auf S. 253, auf der die zunehmende, die oben beschriebene Polarisierung auflösende Uneindeutigkeit beschrieben wird, die Christian im Umgang mit seiner Familie erlebt und die schließlich in Teil IV (S. 289 ff.) ein versöhnliches Ende findet.

2.2.4 Esther, Beate und Ricarda

„Houwelandt" befasst sich hauptsächlich mit der männlichen Linie der Generationenfolge Jorge, Thomas und Christian, gegenüber der die in der Partnerinnenrolle jeweils zugeordneten Frauenfiguren deutlich zurücktreten. Auch innerhalb der Gruppe der Frauenfiguren ist nochmals eine Abstufung dahin gehend zu erkennen, dass Esther als Ehefrau des Protagonisten Jorge die bedeutsamste Funktion innehat, Beate als Komplementärfigur zu Thomas dient und Ricarda schließlich vor allem Christians Kinderwunsch und Auseinandersetzung mit dem Thema ‚Familie' spiegelt. Im Folgenden werden die Figuren zunächst skizziert, um anschließend das Vorgehen im Unterricht zu erläutern.

Esthers Bestreben ist es, die zerstrittene Familie wieder zusammenzubringen: Die für sie so wichtige Feier organisiert sie ohne genaues Wissen Jorges im Bewusstsein, dass ihre „Friedensmission" (S. 29) am „Unwägbaren" (S. 16), also an den einzelnen Familienmitgliedern, scheitern könnte. Mit Esthers ‚Mission' und ihrem Versuch, trotz aller Divergenzen Kohärenz herzustellen, wird die Vorstellung von Familie als sozialem und emotionalem Ordnungsmodell zitiert. Da sie Familie als etwas beschreibt, für das „sie gelebt hatte" (S. 29, vgl. auch S. 237), wird diese über die Figur Esther zum sinn- und identitätsstiftenden sozialen Mikrokosmos, den sie zwar mit allen Spannungen und Widrigkeiten erlebt, der für sie jedoch quasi per definitionem Verbundenheit impliziert und Bedeutung generiert. Esther, nur wenig jünger als ihr 79-jähriger Ehemann Jorge, ist keine emanzipierte Frau und wehrt sich auch gegen Beates Versuch, sie zu einer solchen zu machen (S. 234). Sie geht lediglich einer Nebenbeschäftigung als Übersetzerin für Spanisch und Deutsch in einer Kanzlei nach. Ihr Verhältnis zu Jorge ist ambivalent: Einerseits leidet sie unter seiner rigiden Persönlichkeitsstruktur, andererseits ist sie auch stolz darauf, dass Jorge sich von anderen Männern seines Alters unterscheidet (S. 73 u. 75). Letztendlich jedoch erkennt sie die Vergeblichkeit ihrer Bemühungen, Jorge zu unterstützen und – trotz ihrer eigenen „erheblichen Stimmungsschwankungen" (S. 237) – als ausgleichende Kraft zu wirken. Der späte Entschluss, sich von Jorge zu trennen (S. 247), kann jedoch aufgrund seines Todes nicht mehr umgesetzt werden.

Beate, von Beruf Lehrerin, lebt nach der Trennung von Thomas allein. Sie unterstützt Esther bei der Vorbereitung des Fests (S. 15), ist der Familie de Houwelandt gegenüber aber insgesamt eher distanziert eingestellt. Dies zeigt sich z. B. daran, dass sie lange ihren Nachnamen „Gerber" führt, bevor sie zu „de Houwelandt" wechselt (S. 125). Beate wird als selbstständig, diszipliniert, misstrauisch und ernsthaft beschrieben, als eine Frau, die mit „konstanter Gemütsverfassung" (S. 237) in selbst gewählten Begrenzungen lebt (S. 125). Esther be-

Baustein 2: Figuren und Figurenkonstellation

zeichnet sie mehrfach als vogelköpfige „Indianerin" (z. B. S. 115, S. 236), die sich allem Anschein nach in der „Lebenslüge ihrer Unabhängigkeit" (S. 236) eingerichtet hat. Ihr Verhältnis zu Thomas bessert sich sukzessive im Verlauf der Romanhandlung und endet schließlich versöhnlich „in trauter Zweisamkeit" (S. 258).

Ricarda ist ca. 32 Jahre alt, arbeitet engagiert als Anwältin und lebt seit vier Jahren mit Christian zusammen. Zum Zeitpunkt der Romanhandlung ist sie mit einer Vergleichsverhandlung beschäftigt, die sie zeitlich voll in Anspruch nimmt und belastet, sodass sie Christians Gedanken zur Familienplanung zunächst aufschiebt und sich bis zum Ende des Falls sechs Tage Bedenkzeit ausbittet (S. 81). Zwar findet sie die de Houwelandts „unkörperlich" (S. 91), weil sie sich nie umarmen oder berühren (S. 82 u. 90), doch ist sie „begeistert" (S. 81) von dem geplanten Fest, das ihr die Gelegenheit gibt, die Familienmitglieder kennenzulernen. Thomas gegenüber ist sie, zu Christians Missfallen, offen und gelassen, bezeichnet ihn als „jung im Kopf" (S. 85) und verbringt gerne Zeit mit ihm (S. 114–127). Nach dem Ende der Verhandlungen zeigt sie sich aufgeschlossen für Christians Kinderwunsch (S. 263).

Im Unterricht nähern sich die Schülerinnen und Schüler den drei Figuren über eine Bildrecherche und ein Fragenbogen-Interview (**Arbeitsblatt 10**, S. 42f.). Dazu wird zunächst die folgende Hausaufgabe aufgegeben, für die die Lerngruppe in drei Untergruppen aufgeteilt wird, von denen jede eine Figur bearbeitet:

■ *Suchen Sie im Internet, in Zeitschriften o. Ä. nach Bildern von Frauen, die Ihrer Meinung nach dem Aussehen von Esther/Beate/Ricarda entsprechen könnten. Bringen Sie die Bilder zur nächsten Stunde mit und begründen Sie Ihre Wahl.*

Die Bilder werden zu Beginn der Stunde nach Figuren gruppiert im Klassenzimmer ausgelegt und gemeinsam gesichtet. Die Schülerinnen und Schüler erhalten den Auftrag, ihre Eindrücke zu ihrer Meinung nach besonders auffälligen, passenden oder unpassenden Bildern zu notieren. Diese Eindrücke werden anschließend im Plenum besprochen, wobei die Auswahlkriterien und Begründungen der Schülerinnen und Schüler erörtert werden.

Anschließend skizzieren sie die drei Frauenfiguren arbeitsteilig mithilfe des Interview-Bogens, der innerhalb der Großgruppe in Partnerarbeit bearbeitet werden kann. Hinweise zu Textstellen können dazu wie folgt ausgegeben werden:

Esther: S. 14 – 18, S. 28 – 34, S. 48 – 54, S. 73 u. 75, S. 234 – 241, S. 247
Beate: S. 15, S. 76, S. 114 – 127, S. 190, S. 234 – 237, S. 258 f.
Ricarda: S. 35 f., S. 81, S. 84, S. 127 – 131, S. 137 – 139, S. 165 – 177, S. 262 – 266

Der Arbeitsauftrag dazu lautet:

■ *Versetzen Sie sich in die Figur und füllen Sie zu zweit den Fragebogen aus. Führen Sie entsprechende Texthinweise an, um Ihre Antworten begründen zu können.*

Eine exemplarische Lösungsmöglichkeit findet sich im Anhang zu **Arbeitsblatt 10**, S. 43. Die Fragebögen bieten die Möglichkeit, Charaktereigenschaften und Einstellungen der Figuren unmittelbar vergleichend anhand einzelner Fragen herauszuarbeiten. Dabei kann so vorgegangen werden, dass sich die Schülerinnen und Schüler pro Figur in größeren Gruppen zusammenfinden und in diesen wiederum besonders aussagekräftige Fragebögen auswählen, sodass sich die Zahl der auszuwertenden Bögen reduziert. Diese können dann z. B. auf Folie kopiert und im Plenum diskutiert werden. Jeweils ein aussagekräftiger und ggf. durch andere Ergebnisse ergänzter Bogen kann dann zur Ergebnissicherung für die Schülerhand kopiert werden. Eine Vertiefung und Reflexion kann über die folgenden Impulsfragen erreicht werden:

- *Welche Unterschiede und Gemeinsamkeiten zeigen sich im Vergleich der drei Frauenfiguren?*
- *Welche Rückschlüsse lässt dies auf die Rolle der Frau in der jeweiligen Partnerschaft zu?*
- *Welche Funktion haben die Figuren jeweils für die Romanhandlung?*
- *Wie erklären Sie sich die Dominanz der Männerfiguren im Roman?*
- ...

Notizen

Die Figurenkonstellation des Romans

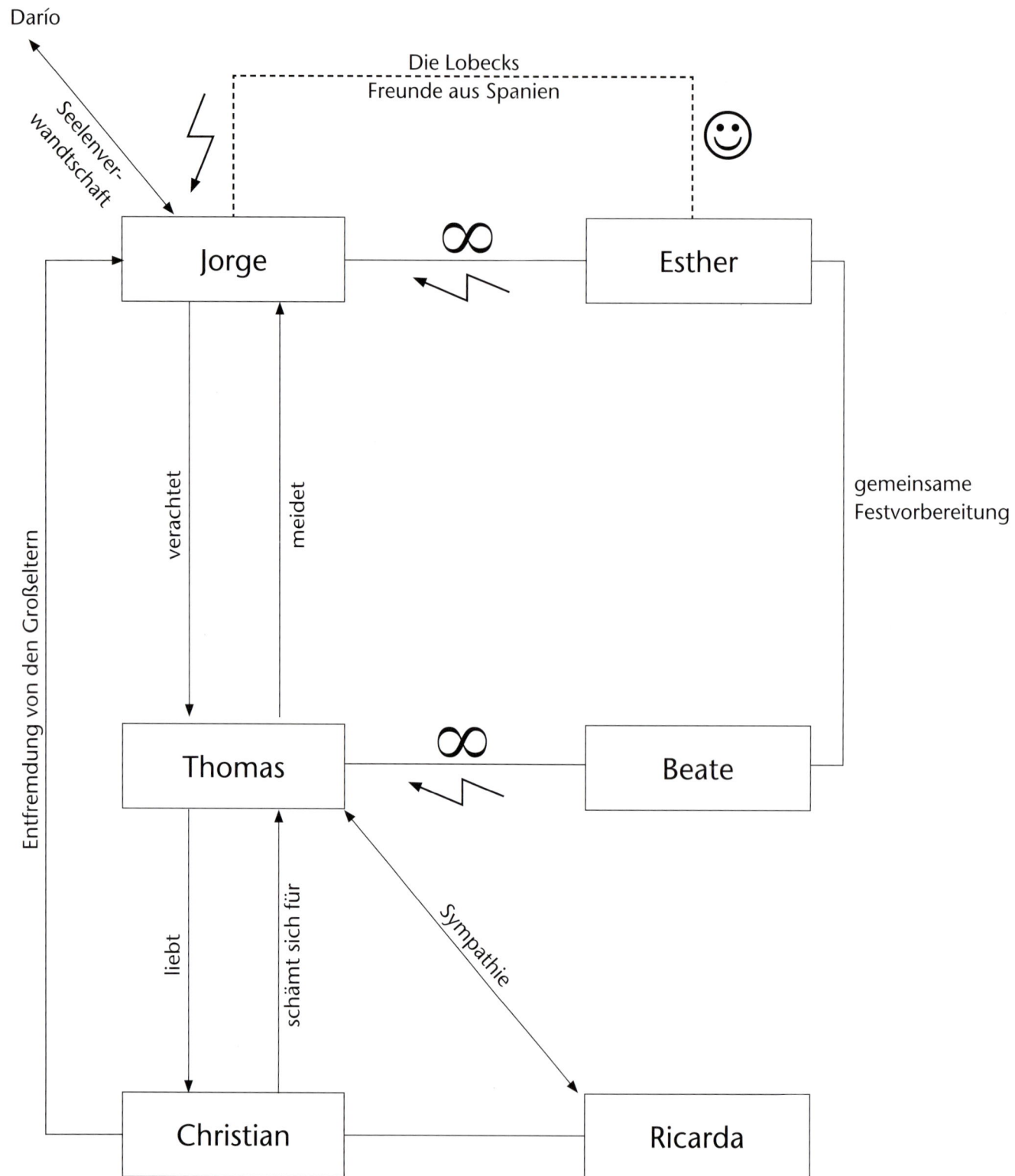

■ *Vergleichen Sie das vorliegende Schaubild mit dem von Ihnen erstellten. Welche Unterschiede oder Gemeinsamkeiten lassen sich feststellen? Wie erklären Sie sich diese?*

Ein Standbild bauen

Ein **Standbild** ist eine mit Körpern von Personen einer Lerngruppe gestaltete Darstellung eines Problems, eines Themas oder einer sozialen Situation. Vor allem können Beziehungen von Personen zueinander sowie Haltungen, Einstellungen und Gefühle verbildlicht werden – und das alles ohne Worte.
Ein/e „**Regisseur/in**" (oder: „Bildhauer", „Baumeister") bildet und modelliert Schritt für Schritt aus den Körpern von Mitschülern und Mitschülerinnen ein Standbild. Damit bringt der Erbauer durch ein „Körperbild" zum Ausdruck, wie er das angesprochene Problem sieht und interpretiert. Die Spieler, die geformt werden, nehmen wie bewegliche Puppen die Haltungen – einschließlich der Mimik und Gestik – ein, die ihnen gegeben werden. Die Mitschüler nehmen das Entstehen des Standbildes – ohne Worte – sinnlich wahr und können anschließend die Situation diskutieren und verändern bzw. neu gestalten.

So geht's:

1. Gemeinsam wird ein Thema festgelegt. Dieses ergibt sich meist aus dem aktuellen Unterrichtsthema und kann eine Fragestellung, eine eigene Erfahrung, eine bestimmte Meinung, ein Lösungsvorschlag etc. sein.
2. Es wird ein/e Regisseur/in bestimmt, der/die die Aufgabe übernimmt, nach seinen/ihren Vorstellungen ein Standbild zu erbauen.
3. Dazu wählt er sich nach und nach Mitschülerinnen und Mitschüler aus, die zu seinen Vorstellungen von seinem Bild passen (Aussehen, Größe, Kleidung, Geschlecht).
4. Diese stellt er in die von ihm gewünschte Position. Ohne Worte verdeutlicht er ihnen, welche Körperhaltung, Gestik und Mimik sie annehmen sollen. Auch die Haltung der Personen zueinander wird gestaltet. Gegenstände aus dem Klassenzimmer können als Elemente einer Kulisse mit verwandt werden.
5. Die Mitspieler/innen und die Zuschauer/innen verhalten sich absolut passiv. Es wird nicht gesprochen.
6. Wenn das Standbild fertig geformt ist, erstarren die Mitspieler auf ein Zeichen des Erbauers für etwa eine halbe Minute in der ihnen zugewiesenen Haltung.
7. Die Zuschauer beobachten das Standbild und lassen es auf sich wirken.
8. Dann wird das Standbild besprochen. Zuerst beschreiben die Zuschauer das Bild und interpretieren es. Anschließend berichten die Mitspieler über ihre Empfindungen und Einschätzungen.
9. Schließlich wird der Baumeister nach seinen Absichten und Vorstellungen gefragt. Zu den Interpretationen der Mitschüler soll er Stellung nehmen.

[...]

Standbilder können in verschiedenen Variationen gebaut werden:

- Sie können durch mehrere Regisseure/Baumeister geformt werden, wobei diese sich flüsternd verständigen dürfen.
- Fertige Standbilder können durch andere Regisseure verändert, abgewandelt, weitergebaut werden.
- Eine Gruppe baut gemeinsam ein Standbild zu einem Thema, auf das sie sich heimlich verständigt hat. Die Zuschauer erraten und interpretieren das Standbild.
- Für jede Person wird ein Zuschauer bestimmt, der sich die Haltung der zugeordneten Person sehr gut merken muss. Anschließend bauen die bestimmten Zuschauer das Standbild nach. Zuschauer und Nachbauer vergleichen und interpretieren die Haltungen.
- Nach dem Fertigstellen eines Standbildes tippt der Baumeister einer Person im Standbild auf die Schulter. Diese äußert sich spontan zu ihrer Haltung oder ihrer Befindlichkeit.
- Der Baumeister oder beobachtende Schüler treten als „Alter Ego" (das andere Ich) hinter die gestalteten Personen, legen die Hand auf deren Schulter und sprechen in der „Ich-Form" das aus, was diese gerade ihrer Meinung nach denken.

http://www.bpb.de/publikationen/FKRSO4,0,MethodenKiste.html
Herausgeberin: Bundeszentrale für politische Bildung/bpb – *Autor*: Lothar Scholz – *Redaktion*: Katharina Reinhold – *Gestaltung*: www.leitwerk.com

Caspar David Friedrich: Mönch am Meer (1810)

Thomas de Houwelandt:
Stationen seiner Entwicklung

Lethargie und
Passivität (S. 11–14)

(+) ←——————————————→ (−)

■ *Stellen Sie chronologisch geordnet die wichtigsten Phasen und Stationen von Thomas de Houwelandts Entwicklung zusammen und formulieren Sie für jede Station eine Überschrift. Verweisen Sie dabei auf konkrete Textstellen.*

Thomas de Houwelandt:
Stationen seiner Entwicklung (Lösung)

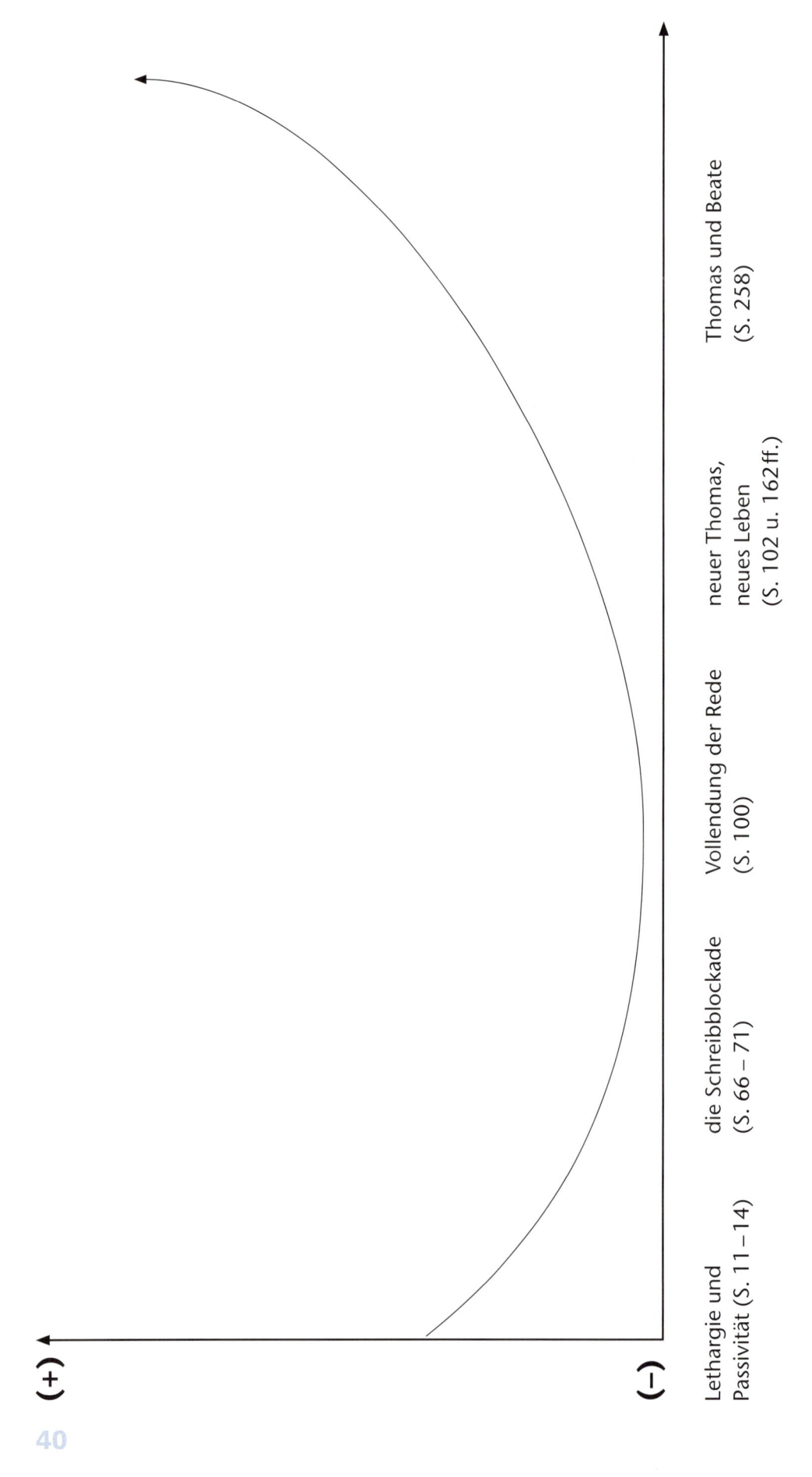

(+)

(−)

Lethargie und Passivität (S. 11–14)

die Schreibblockade (S. 66–71)

Vollendung der Rede (S. 100)

neuer Thomas, neues Leben (S. 102 u. 162ff.)

Thomas und Beate (S. 258)

■ *Stellen Sie chronologisch geordnet die wichtigsten Phasen und Stationen von Thomas de Houwelandts Entwicklung zusammen und formulieren Sie für jede Station eine Überschrift. Verweisen Sie dabei auf konkrete Textstellen.*

Babyfoto

■ *Beschreiben Sie, welche Gedanken und Gefühle diese Abbildung bei Ihnen auslöst.*

Die Frauenfiguren in „Houwelandt"

Fragebogen für _____

Wie würden andere Sie beschreiben? _____

Wie würden Sie sich selbst beschreiben? _____

Wie sieht Ihr Alltag aus? _____

Welche Bedeutung haben Partnerschaft und Ehe für Sie? _____

Welche Bedeutung haben Arbeit und Beruf für Sie? _____

Was ist für Sie das größte Unglück? _____

Welche Fehler entschuldigen Sie am ehesten? _____

Welche Eigenschaften schätzen Sie bei einem Mann am meisten? _____

Welche Eigenschaften schätzen Sie bei einer Frau am meisten? _____

Ihre Lieblingstugend? _____

Ihr Hauptcharakterzug? _____

Ihr größter Fehler? _____

Ihr Traum vom Glück? _____

Was wäre für Sie das größte Unglück? _____

Was verabscheuen Sie am meisten? _____

Ihr Motto? _____

■ *Vervollständigen Sie die folgenden Sätze:*

Familie ist ... _____

_____

Wenn ich einen Wunsch frei hätte, dann ... _____

_____

Die Fragen sind teilweise angelehnt an den FAZ-Fragebogen vom 06.05.1994, http://www.brock.uni-wuppertal.de/Schrifte/Interv/FAZFrage.html, Zugriff: 06.09.2011.

Die Frauenfiguren in „Houwelandt":
Fragebogen für *Esther de Houwelandt* (Lösungsvorschlag)

Wie würden andere Sie beschreiben? *Als zu geduldig mit meinem Mann.*

Wie würden Sie sich selbst beschreiben? *Als eine Frau, die ihre Verantwortung für die Familie sehr ernst nimmt.*

Wie sieht Ihr Alltag aus? *Mein Alltag dreht sich um meinen Mann.*

Welche Bedeutung haben Partnerschaft und Ehe für Sie? *Bislang die größte Bedeutung, aber inzwischen nicht mehr um jeden Preis.*

Welche Bedeutung haben Arbeit und Beruf für Sie? *Eine Nebenbeschäftigung.*

Was ist für Sie das größte Unglück? *Dass mein Mann nicht lieben kann.*

Welche Fehler entschuldigen Sie am ehesten? *Dass mein Mann nicht lieben kann. Denn er lässt es nicht aus Boshaftigkeit, sondern hat diese Fähigkeit einfach nicht.*

Welche Eigenschaften schätzen Sie bei einem Mann am meisten? *Nähe leben zu können.*

Welche Eigenschaften schätzen Sie bei einer Frau am meisten? *Familiensinn und Hilfsbereitschaft.*

Ihre Lieblingstugend? *Güte.*

Ihr Hauptcharakterzug? *Geduld.*

Ihr größter Fehler? *Dass ich meinen Mann geheiratet habe.*

Ihr Traum vom Glück? *Ein vertrautes Gespräch mit Jorge.*

Was wäre für Sie das größte Unglück? *Dass die Familie zerfällt.*

Was verabscheuen Sie am meisten? *Wenn sich Menschen gehen lassen.*

Ihr Motto? *Es ist nie zu spät.*

Vervollständigen Sie die folgenden Sätze: *Familie ist … alles, was wir haben.*

Wenn ich einen Wunsch frei hätte, dann … *würde ich ihn Jorge schenken, denn er hat ihn nötiger als ich.*

Die Fragen sind teilweise angelehnt an den FAZ-Fragebogen vom 06.05.1994, http://www.brock.uni-wuppertal.de/Schrifte/Interv/FAZFrage.html, Zugriff: 06.09.2011.

Baustein 3

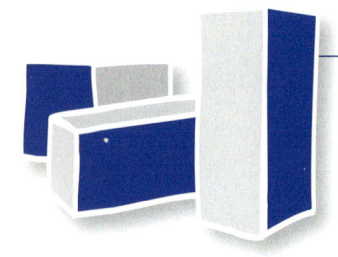

Zentrale Themen und Motive

Der folgende Baustein konzentriert sich auf vier zentrale Themen und Motive des Romans: die Vater-Sohn-Konflikte, den Themenbereich „Erinnerung und Wahrnehmung" sowie die Motive „Familiensitz" und „Wasser und Schwimmen". Die Schülerinnen und Schüler üben im Umgang mit diesen Aspekten strukturelle und interpretatorische Herangehensweisen an den Text, die es ihnen ermöglichen, tiefere Bedeutungsschichten zu erreichen und ihr Textverständnis zu schulen.

3.1 Vater-Sohn-Konflikte

„Houwelandt" ist ein Familienroman, der die Beziehungen und Konflikte der männlichen Linie über drei Generationen hinweg in besonderer Weise in den Blick nimmt. Großvater, Vater und Sohn erleben Entfremdung und Ablehnung, die zwischen Thomas und Christian am Ende zumindest ansatzweise gelöst werden, die sich zwischen Jorge und Thomas jedoch allenfalls indirekt und einseitig über die Vollendung der Rede verändern.

Insbesondere die Beziehung zwischen Jorge und Thomas ist von gegenseitiger Ablehnung geprägt. Jorge verachtet seinen Sohn, den er für willensschwach, träge und weich hält (z. B. S. 210 f.). Seine Versuche, ihn abzuhärten, schlagen fehl. Thomas empfindet die Erziehung seines Vaters und dessen Verhalten in der Familie als „Diktatur" (S. 169), als „Übermaß an Kontrolle, an Willkür und Fremdbestimmung" (S. 104). Seinen Kontakt zu den Eltern beschränkt Thomas auf ein Minimum und er achtet streng darauf, seinen Sohn Christian vom Großvater abzuschirmen (S. 108 f.), um ihm das Gefühl des Ausgeliefertseins, das seine Kindheit bestimmte, zu ersparen. Ihm ist es wichtig, Christian die Freiheit zu ermöglichen, „gerade [zu] werden, gerade [zu] bleiben" (S. 110), eine Freiheit, für die er gegen Jorge kämpft. Für seinen Sohn empfindet Thomas trotz aller Probleme aufrichtige Liebe – auch wenn er sich selbst nicht für einen guten Vater hält (S. 107). Diese Liebe ist bis kurz vor Schluss des Romans einseitig. Christian kritisiert am Vater dessen Unzuverlässigkeit und Faulheit (S. 81 u. 84), sein Versagen (S. 134 f.), seine Passivität und Weichheit. Eine Mischung aus Scham und Schuldgefühl (S. 132) bestimmt sein Verhältnis zu ihm, die Bemühung, ein guter Sohn zu sein in dem Wissen, dass im Grunde er Vater seines Vaters war und nicht umgekehrt. Erst am Ende des Romans wird er sich der Liebe zu seinem Vater bewusst (S. 301).

Da das Beziehungsgeflecht zwischen den drei Figuren sehr komplex ist und den gesamten Roman durchzieht, ist es nicht Ziel der Erarbeitung, dieses im Detail darzustellen. Die Schülerinnen und Schüler sollen vielmehr das Wesentliche an der jeweiligen Beziehungsstruktur anhand von Textarbeit erkennen, benennen und zusammenfassen. Eine Erarbeitungsgrundlage dafür bietet das **Arbeitsblatt 12**, S. 55 f., dem ein Einstieg über den Cartoon auf **Arbeitsblatt 11**, S. 54, vorausgeht:

- *Beschreiben Sie, was auf der Abbildung zu erkennen ist. Wie würden Sie das Thema des Cartoons benennen?*

- *Welche Zusammenhänge sehen Sie zwischen dem Cartoon und „Houwelandt"?*

Baustein 3: Zentrale Themen und Motive

Der Cartoon beschreibt eine „verkehrte Welt" zwischen Vater und Sohn, wie sie auch im Verhältnis von Thomas und Christian zu beobachten ist. Gleichzeitig kommt darin auch eine Gelassenheit zwischen Vater und Sohn zum Ausdruck, die das genaue Gegenteil der Beziehung zwischen Thomas und Jorge darstellt.

Nach diesem Einstieg erhalten die Schülerinnen und Schüler das **Arbeitsblatt 12**, S. 55 f., mit dem folgenden Arbeitsauftrag, der arbeitsteilig in zwei Großgruppen mit Partnerarbeit ausgeführt wird:

- *Charakterisieren Sie zusammenfassend und mithilfe von ausgewählten Zitaten die Beziehungsstruktur zwischen Jorge/Thomas und Thomas/Christian. Tragen Sie Ihre Ergebnisse in die jeweilgen Pfeile ein.*

Den Schülerinnen und Schülern können die folgenden Textstellen an die Hand gegeben werden:

Jorge → Thomas: S. 209 – 211
Thomas → Jorge: S. 12, 102 ff., 109, 169
Thomas → Christian: S. 70, 107, 109 f.
Christian → Thomas: S. 81, 84, 132, 134 f., 301
Jorge/Thomas/Christian: S. 107 – 111

Die Einträge in die Pfeile können z. B. wie folgt lauten:

Jorge → Thomas: Ablehnung und Verachtung wegen Willensschwäche und Weichheit (S. 210), setzt patriarchalisch Grenzen, denen Thomas nicht standhalten kann

Thomas → Jorge: empfindet Jorges Erziehung als „Diktatur" (S. 169), als Kontrolle, Willkür und Fremdbestimmung (S. 104), er „nutzt […] das Privileg, eine Enttäuschung zu sein" (S. 109)

Thomas → Christian: lässt Christian Freiheiten, hat ihn vom Großvater ferngehalten (S. 110), sieht sich nicht als guten Vater (S. 107), wollte aber immer das Beste für seinen Sohn, weil er ihn liebt

Christian → Thomas: lehnt den Vater wegen Unzuverlässigkeit, Versagen und Passivität ab, sieht sich als „Vater seines Vaters", empfindet eine Mischung aus Scham und Schuldgefühl ihm gegenüber (S. 132), erkennt am Ende die gegenseitige Zuneigung

Unterhalb der Figuren und Pfeile findet sich Raum für ein zusammenfassendes Fazit, das gemeinsam im Unterrichtsgespräch erarbeitet wird und z. B. wie folgt lauten kann:

> Die Beziehungen zwischen Jorge, Thomas und Christian sind von Konflikten geprägt, die von Generation zu Generation weitergegeben werden und die aus den Charaktereigenschaften der Figuren resultieren. Diese werden aber auch durch das problematische Familienerleben mit geformt. Eine Lösung findet sich für Jorge und Thomas nicht, für Thomas und Christian erst am Ende des Romans.

Eine weitere Vertiefung kann die Vater-Sohn-Thematik als Schwerpunkt des Romans durch eine Bezugnahme auf formale Aspekte erfahren, die durch folgende Impulsfragen eingeleitet werden können:

- *Ein Vorläufer des Wortes „Houwelandt" könnte mhd. „houwe – Hacke" bzw. „houwen – hauen, stechen, behauen, bearbeiten" sein. Welchen Zusammenhang sehen Sie zwischen dem Romantitel und der Vater-Sohn-Thematik?*

- *Welche Funktion hat die Polyperspektivität (Mehrzahl unterschiedlicher Perspektiven) des Romans hinsichtlich der Vater-Sohn-Thematik?*

Der Romantitel deutet auf die Konflikte der Familienmitglieder untereinander hin („Hauen und Stechen"), auf Jorges Versuche, Thomas zu „bearbeiten", aber auch auf die Arbeit, die nötig ist, um das „Feld Familie" angemessen und fruchtbringend zu bebauen. Die Polyperspektivität des Romans schafft nicht nur die Möglichkeit, die Perspektive der jeweiligen Figur einzunehmen, sondern verweist auch auf das „Gefangen-Sein" der Figuren in ihrer subjektiven Perspektive.

3.2 Erinnerung und Wahrnehmung

Da die Figurenprofile, Biografien und Konstellationen der Figuren in „Houwelandt" – wie im vorangegangenen Kapitel geschildert – polyperspektivisch über Rückblenden und Erinnerungen ausgeleuchtet werden, während sich die eigentliche Handlung innerhalb des vergleichsweise kurzen Zeitraums der Festvorbereitung abspielt, kommt der Subjektivität von Erinnerung und Wahrnehmung neben der Familien- und Wasserthematik eine große Bedeutung im Roman zu. Aufschlussreich sind in dieser Hinsicht vor allem komplementär strukturierte Erzählpassagen, in denen Erinnerungen aus der Sicht zweier Familienmitglieder unterschiedlich dargestellt und bewertet werden. So erlebt z. B. der junge Christian seinen Vater während der Spaziergänge nach Ehekonflikten als bedrückend taumelnd und orientierungslos (S. 192), während Thomas diese als „gemeinsame[…] Ausflüge" beschreibt, die „weit mehr zu fruchten [schienen] als sämtliche pädagogischen Maßnahmen aus dem Lehrbuch" (S. 225). Passagen wie diese bieten die Möglichkeit, gemeinsam mit den Schülerinnen und Schülern Überlegungen zu den Bedingungen von Wahrnehmung und Erinnerung anzustellen, indem – ggf. auch als Weiterführung und Vertiefung von Kapitel 3.1 – untersucht wird, wie beides im Roman dargestellt und eingesetzt wird.

Die hier vorgestellte didaktische Aufbereitung der Thematik beginnt mit einem Einstieg über eine optische Täuschung (**Arbeitsblatt 13**, S. 57):

■ *Wie schätzen Sie die Größe der inneren Kreise im Vergleich zueinander ein?*

In aller Regel wird von Betrachtern der linke innere Kreis größer als der rechte wahrgenommen, obwohl beide gleich groß sind. Das Gespräch über diese und ggf. andere optische Täuschungen bietet die Gelegenheit, Wahrnehmung und Wahrnehmungsphänomene anzusprechen und – in Bezug auf den Roman – als Thema zu benennen.

Im Anschluss daran werden Kindheitserinnerungen von Jorge, Thomas und Christian analysiert, wobei sechs Gruppen gebildet werden können, von denen jeweils zwei eine Textpassage bearbeiten. Als Textauszüge dienen für Jorge S. 270–273, für Thomas S. 102–105 und für Christian S. 191f./195. Der Arbeitsauftrag dazu lautet wie folgt:

■ *Untersuchen Sie die Textpassagen anhand folgender Leitfragen: Welche Kindheitserinnerung wird hier beschrieben? In welchem Kontext erscheint sie? Welche Rückschlüsse lässt sie zu? Welche Folgen für die Persönlichkeitsentwicklung der jeweiligen Figur resultieren daraus?*

Die Ergebnisse können z. B. auf Folie gesichert werden und wie folgt lauten:

Kindheitserinnerungen der männlichen Protagonisten in „Houwelandt"

	Jorge, S. 270 – 273	Thomas, S. 102 – 105	Christian, S. 191 f.
Welche Kindheitserinnerung wird beschrieben?	Begegnung mit der Mutter	Jorges „Kloverbot"	Spaziergänge mit Thomas
In welchem Kontext erscheint sie?	Erinnerung an seine Zeit im Quarantäneraum des Internats (Folge des Hängens)	als Teil der Rede, die Thomas gerade fertiggestellt hat	Lektüre von Thomas' Rede
Welche Rückschlüsse lässt sie zu?	tiefe Entfremdung von der Mutter, zerrüttete Familienverhältnisse	Tyrannei Jorges, Angst vor Jorge und seinen Strafen	Streit der Eltern, umgekehrtes Vater-Sohn-Verhältnis, Scham über Vater
Welche Folgen für die Persönlichkeitsentwicklung resultieren daraus?	weitere Verhärtung Jorges, gestörte Beziehungen zu seiner Frau und seinen Kindern, in deren Folge auch zu seinem Enkel	gestörtes, entfremdetes Verhältnis zu seinem Vater, bis dato körperliche und seelische Folgen	fühlt sich für Thomas verantwortlich, lehnt ihn aber auch ab und schämt sich für ihn

Nach dieser sensibilisierenden Textarbeit erfolgt eine Fokussierung auf das Thema Wahrnehmung, indem Christians und Thomas' Spaziergänge in Partnerarbeit genauer untersucht werden. Dazu wird die Komplementärstelle zu S. 191 f. (Christian) erarbeitet (Thomas' Erinnerungen auf S. 225):

> ■ *Arbeiten Sie die Kernaspekte von Thomas' Erinnerungen an die gemeinsamen Spaziergänge mit seinem Sohn (S. 225) stichwortartig heraus und stellen Sie diese Christians Wahrnehmung gegenüber. Welche Schlussfolgerungen lassen sich daraus für die Phänomene „Wahrnehmung" und „Erinnerung" ziehen?*

Die Ergebnisse können in der Auswertungsphase wie folgt in einem Tafelbild systematisiert werden:

Wahrnehmung und Erinnerung

am Beispiel der gemeinsamen Spaziergänge von Thomas und Christian

Christian	Thomas
Auslöser: Streit der Eltern (S. 191) → beide Eltern als Ursache	Auslöser: Beates „Erziehungskoller" (S. 225) → Wahrnehmung der Ursache
„durch den Stadtpark geirrt" (S. 192) → Orientierungslosigkeit	„wo er sich bestens auskannte" (S. 225) → Orientierung
er lenkt den Vater (S. 192) → Sohn kontrolliert die Richtung	er nimmt den Jungen „bei der Hand" (S. 225) → Vater kontrolliert die Richtung
tränenblinder, orientierungsloser Vater (S. 192) → Wahrnehmung einer Krisensituation	„gemeinsame[...] Ausflüge" (S. 225) → positive Familienaktivität
fühlt sich für Thomas verantwortlich (S. 192) → Ausübung der Vaterrolle durch den Sohn	„Ausflüge [...] fruchten [mehr] als sämtliche pädagogische Maßnahmen" (S. 225) → Ausübung der Vaterrolle durch den Vater

→ **Fazit:** **Erinnerung und Wahrnehmung sind subjektiv**
   sie sind bestimmt von eigenen Erfahrungen
   sie beleuchten nur einen Ausschnitt
   sie sind unterschiedlich
   sie sind konstruiert
   ...

Eine abschließende Reflexion der Thematik kann über **Arbeitsblatt 14**, S. 58, vorgenommen werden:

■ *Welche Zusammenhänge sehen Sie zwischen dem Lexikonartikel und der Erinnerungs- und Wahrnehmungsthematik in „Houwelandt"?*

Aspekte der Diskussion können z. B. sein:
- Thomas' Vergangenheitsbewältigung durch seine Rede, die eine narrative Strukturierung seiner Erinnerungen darstellt (Identitätsgewinn)
- Christians (evtl. unausgesprochene) Rede am Ende des Romans, die Ähnliches leistet
- der Roman selbst verknüpft erzähltechnisch Gegenwärtiges und Vergangenes zu einer narrativen Konstruktion
- dies geschieht mithilfe subjektiver Polyperspektivität des Figurenensembles

3.3 Die „Hundehütte"

Das Haus der de Houwelandts in einem nicht näher bezeichneten Ort Norddeutschlands transportiert als Motiv Zustand und Wandlung der Familie. Der erste Eindruck, den der Leser von dem Familiensitz erhält, wird durch Thomas' Perspektive dargestellt, der morgens aufwacht und die Tannen vor seinem Schlafzimmerfenster sieht: „Er hasste diese Tannen, die alles überschatteten und seine Wohnung sogar an sonnigen Hochsommertagen in ein finsteres Loch verwandelten, in eine nach Waldboden, Schwamm und Schimmelpilzen riechende Höhle." (S. 13) Nicht nur, dass diese Wahrnehmung den Gesamtzustand des Hauses vor der Renovierung skizziert, auch veranschaulicht sie Thomas' unzivilisierten Zustand, eine Art Höhlenmensch-Dasein, das sich im Laufe der Romanhandlung deutlich verändert (s. Kapitel 2.2.2). Thomas lehnt das Haus ab wie er auch seine Familie und insbesondere seinen Vater ablehnt. Die Geschwister nennen das abweisende und bedrohliche „Vaterhaus" (S. 25) abfällig „Hundehütte" (S. 19), was zum einen eine Verkleinerung darstellt, zum anderen den baufälligen Zustand des Hauses bezeichnet. Keines seiner Geschwister oder sonstige Familienmitglieder – von Thomas abgesehen, der das Anwesen verwaltet – leben in den Gebäuden, die an „greise […] Pärchen und Pensionäre" (S. 21) vermietet sind. Thomas selbst lässt das Haus weitgehend verfallen, mehr noch, er „sabotiert […]" (S. 27) den Familiensitz, auf dem es seiner Meinung nach nie eine Familie gegeben hat (S. 27). Erst mit der Vollendung seiner Rede und dem Neuanfang widmet er sich auch der Renovierung und Instandsetzung des Hauses, die Esther anlässlich des 80. Geburtstags von Jorge und ihrer „Mission" durchführen lässt – mit ihren eigenen finanziellen Mitteln (S. 119), da offenbar auch ihr Mann das Interesse an dem ausgestorbenen Anwesen verloren hat. Das Motiv der vernachlässigten „Hundehütte" steht damit für die verfallenen Familienstrukturen, für das Unlebendige der de Houwelandts, das erst im Verlauf der Romanhandlung in Bewegung gerät und sich wandelt.

Die unterrichtliche Aufbereitung der Thematik stellt die Erarbeitung dieses Zusammenhangs in den Vordergrund. Als Einstieg erhalten die Schülerinnen und Schüler über **Arbeitsblatt 15**, S. 59, als visuellen Impuls vier verschiedene Haustypen, verbunden mit dem folgenden Impuls:

> ■ *Wählen Sie eines der vier Häuser aus und beschreiben Sie es. Warum ist es Ihnen besonders aufgefallen? Welche Rückschlüsse könnte das Haus auf seine Bewohner zulassen?*

Alternativ dazu kann den Schülerinnen und Schülern auch als vorbereitende Hausaufgabe aufgegeben werden, Bilder von Häusern mitzubringen, die ihrer Vorstellung vom Familiensitz besonders nahekommen. Diese werden dann zu Beginn der Stunde ausgelegt und besprochen.

Anschließend werden die Schülerinnen und Schüler gefragt, wie sie das Haus der de Houwelandts in Erinnerung haben bzw. was ihnen bei der Lektüre besonders in Erinnerung geblieben ist. Dies kann als erste Stichwortsammlung an der Tafel festgehalten werden, bevor die Charakteristika und die Bedeutung des Hauses konkret am Text und mithilfe von **Arbeitsblatt 16**, S. 60, in Partnerarbeit erarbeitet werden:

> ■ *Sammeln Sie zu zweit anhand der Textstellen zentrale Charakteristika und Beschreibungen des Familiensitzes der de Houwelandts. Tragen Sie diese auf dem Arbeitsblatt ein und überlegen Sie in einem Fazit, was dadurch zum Ausdruck gebracht wird. Ziehen Sie dazu auch Arbeitsblatt 17 hinzu.*

Als Textpassagen bieten sich die folgenden Seiten an:
Die „Hundehütte": S. 12, 19–21, 25, 27, 119, 163, 181.

Baustein 3: Zentrale Themen und Motive

Das Arbeitsblatt erläutert die Begriffe „Motiv", „Metapher" und „Symbol", sodass die Schülerinnen und Schüler erkennen können, dass es sich bei der „Hundehütte" um ein Motiv handelt.

Die Ergebnisse können wie folgt lauten:

Beschreibung des Hauses vor der Renovierung:
- Haupthaus, Gesindehaus (Anbau um 1900), Kinderhaus (Anbau Anfang 1970er-Jahre)
- Gesindehaus durch Tannen abgeschirmt (S. 13)
- nach Kriegsende Vermietungen (S. 13)
- Geruch nach Waldboden, Schwamm und Schimmelpilzen (S. 13)
- Haupthaus: zweistöckiger Bau aus der Vorgründerzeit, schmal, grau und verwinkelt (S. 19), „gotische Verschmocktheit und pastorale Enge" (S. 19)
- die Hundehütte als „Trutzburg des Erreichten" (S. 19)
- graue, moosbefleckte Mauern (S. 20)
- „unwirtliche[r] und von der Zeit vergessene[r] Ort" (S. 20)
- „vor Staub und Wasserflecken erblindende[...] Fenster[...]" (S. 20)
- auf dem Anwesen wird der „Tod [...] verwaltet" (S. 21)
- „tote[...] Augen" des Vaterhauses" (S. 25)
- „kaninchenstallgroße[...] Kinderzimmer" (S. 27)
- „Sitz einer Familie, die es nicht mehr gab und nie gegeben hatte" (S. 27)
- Thomas zweigt Renovierungsgeld ab, um sich neu einzukleiden (S. 163)

Beschreibung des Hauses nach der Renovierung durch Finanzierung Esthers:
- gepflegter Garten (S. 181)
- Haupthaus fast fertig renoviert (S. 181)
- Erdgeschoss wirkt „hell und freundlich" (S. 181)
- weitläufiges Wohnzimmer (S. 181)
- „Es sah alles so frisch, so friedlich und fast ein bisschen fremd aus." (S. 181)

→ **Fazit:** Verfall und Renovierung des Hauses stehen für die Entwicklung der Familienstruktur. Im Lauf der Romanhandlung verbessern sich einzelne Beziehungen (z. B. Thomas und Christian); auch durchläuft Thomas eine innere und äußere Wandlung, die sich im Bild des renovierten Hauses spiegelt. Das Motiv des Hauses dient somit dazu, diese Bewegungen zu veranschaulichen.

Alternativ zu Arbeitsblatt 16 kann das Haus-Motiv auch mithilfe eines **Placemats** erarbeitet werden (s. S. 51).

Für die Erarbeitung des Motivs „Die Hundehütte" kann konkret so verfahren werden, dass die Gruppen die Textstellen erhalten und ggf. unter sich aufteilen. Nach der Bearbeitungs- und Austauschphase einigen sich die Schülerinnen und Schüler einer Gruppe auf eine Interpretationshypothese zur Bedeutung des Haus-Motivs, die sie mithilfe ausgewählter Textzitate begünden. Der Arbeitsauftrag dazu lautet wie folgt:

- *Arbeiten Sie die Textstellen zum Haus-Motiv durch und notieren Sie Ihre Überlegungen und Beobachtungen zum Text zusammen mit aussagekräftigen Textbelegen in Ihrem Placemat-Feld.*

- *Setzen Sie sich nacheinander mit den Ergebnissen Ihrer Gruppenpartner auseinander, indem Sie Fragen, Anmerkungen oder Ergänzungen in deren Feldern anbringen.*

Placemat

Bei der Placemat-Methode handelt es sich um eine Form des kooperativen Lernens, bei dem die Lernenden zunächst die Möglichkeit haben, zu einer bestimmten Fragestellung eigene Gedanken zu entwickeln, um anschließend in eine schriftliche Diskussion mit den anderen Lernenden zu treten. Dazu wird ein Bogen Papier entsprechend der Anzahl der Diskutierenden in gleich große Teile geteilt. In der Mitte des Papiers wird Platz gelassen für die abschließend konsensuell ermittelte Antwort der gesamten Gruppe auf die eingangs gestellte Frage, Aufgabe oder These.

Ein **Beispiel** für ein unausgefülltes Placemat für eine Vierergruppe sieht folgendermaßen aus:

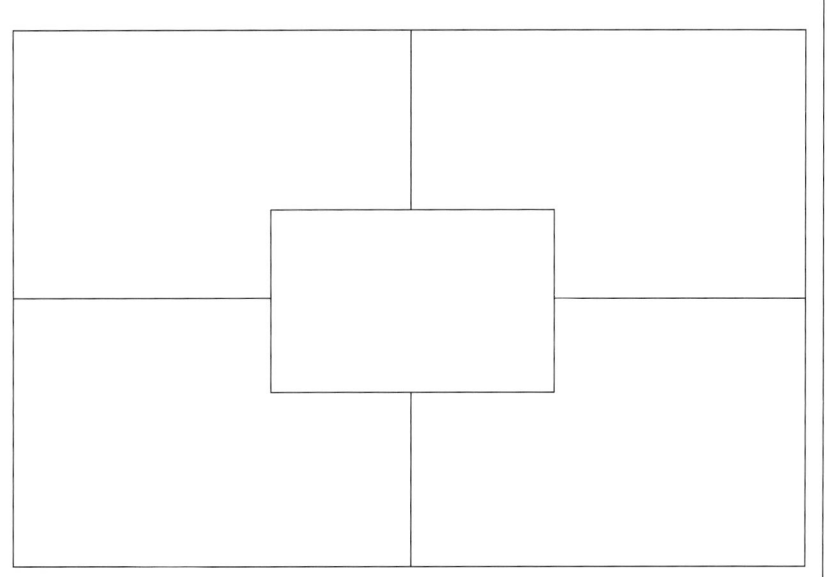

Der Ablauf der Methode lässt sich in drei Phasen gliedern:

1. Einzelarbeit
Pro Feld nimmt je eine Person Platz und schreibt in einer vorgegebenen Zeit ihre Gedanken und Ergebnisse zu einer vorgegebenen Fragestellung auf. Es können jedoch auch Fragen, Unklarheiten, Widersprüche oder Querverweise festgehalten werden.

2. Gruppenarbeit
Anschließend tauschen die Lernenden ihre individuellen Notizen mit den anderen Gruppenmitgliedern aus. Dazu wird das Blatt im Uhrzeigersinn gedreht und die Lernenden lesen, kommentieren, ergänzen und erweitern die bereits festgehaltenen Ausführungen in einer vorgegebenen Zeit. Dies wird so oft wiederholt, bis jede Person ihr ursprüngliches Feld erneut vor sich hat. Nachdem alle Lernenden sämtliche Eintragungen gelesen haben, einigen sie sich auf beispielsweise zwei bis drei zentrale Antworten und Aussagen auf die gestellte Frage, Aufgabe oder These. Dabei ist wichtig, dass die Lernenden [...] die Ideen jedes einzelnen Gruppenmitgliedes berücksichtigen und die Zusammenhänge zwischen den individuellen Aussagen erkennen sowie einen Konsens finden, welche Einzelaussagen für die Meinung der gesamten Gruppen stehen und somit als gemeinsame zentrale Antwort auf die gestellte Fragestellung formuliert werden können. Diese finden in der Mitte des Placemats Platz.

3. Plenum
In der dritten Phase werden nun die Ergebnisse aus den Kleingruppen dem gesamten Klassenverband präsentiert. Als Hilfestellung dient hierzu das Feld aus der Mitte des Placemats, auf dem zuvor in der Gruppenarbeitsphase die zentralen Ergebnisse der Diskussion festgehalten wurden. Im Idealfall ist dieses Feld leicht vom Placemat zu entfernen. Dies gibt den Lernenden die Möglichkeit, ihre Ergebnisse mit denen der anderen Kleingruppen beispielsweise an der Tafel zu vergleichen oder Strukturen zu legen.

Aus: Reich, K. (Hg.): Methodenpool. In: URL: http://methodenpool.uni-koeln.de (Zugriff: 16.12.2011)

Baustein 3: Zentrale Themen und Motive

> *Tauschen Sie sich in der Gruppe über die Ergebnisse aus und formulieren Sie gemeinsam eine Interpretationshypothese zur Bedeutung des Haus-Motivs im Roman, die Sie mit den Ihrer Meinung nach fünf wichtigsten Textbelegen begründen.*

Die Interpretationshypothesen werden in der Auswertungsphase mithilfe der Karten an der Tafel präsentiert und diskutiert. Ziel der Diskussion ist die Sammlung und Reflexion von Textstellen und interpretierenden Schlussfolgerungen. Das Ergebnis kann sich an den Ergebnisvorschlägen auf S. 50 orientieren und z.B. auf Folie festgehalten werden.

3.4 Wasser- und Schwimmmetaphorik

Neben der Familie bildet Wasser einen weiteren zentralen Motivbereich in von Düffels Texten. Wie komplex inhaltliche und reflexive Aspekte dabei ineinandergreifen, hat die wissenschaftliche Rezeption in mehreren Beiträgen zutage gefördert und ausgeleuchtet.[1] Catani und Marx beschreiben die Bedeutung der Wassermetaphorik bei Düffel wie folgt: „Als Leitmotiv in ein dichtes Geflecht an Metaphern eingebunden, vergegenwärtigt das Element des Wassers zugleich den selbstreferentiellen Bezugspunkt für Reflexionen von Düffels über das eigene dichterische Selbstverständnis. Immer dann, wenn der Autor sein Schreiben poetologisch zu bestimmen sucht, verweist er auf die Metapher des Schwimmens und den fremdvertrauten Raum des Wassers [...]."[2] In Bezug auf „Houwelandt" benennt Brunnhuber „[d]ie mütterliche, feminine Symbolik im Wasser" durch die „Umarmung des Wassers und das Eintauchen in dieses", das „gewaltige Wasser – als Symbol der aufgewühlten Seele, der Gefahr und Macht" und das „religiöse, heilige Wasser als Symbol der Gottesmacht".[3]

In diesem Unterrichtsmodell wird die Ausgestaltung der Wasser- und Schwimmmotivik in der Zusammenschau mit Bertolt Brechts Gedicht „Vom Schwimmen in Seen und Flüssen" untersucht. Auf der Basis der Ergebnisse dieser vergleichenden Untersuchung erfolgt eine Vertiefung der Thematik mithilfe des Lexikonartikels „Wasser" aus dem Metzler Lexikon literarischer Symbole. Eine erste Sensibilisierung für das Thema kann über **Arbeitsblatt 18**, S. 62, vorgenommen werden. Die Abbildungen zeigen unterschiedliche Arten des Im-Wasser-Seins, die die Schülerinnen und Schüler zunächst mit eigenen Worten beschreiben. Impulse hierzu können lauten:

> *Beschreiben Sie, was auf den Abbildungen zu erkennen ist.*
>
> *Welche Arten des Im-Wasser-Seins sind hier abgebildet?*
>
> *Welche würden Sie Jorge de Houwelandt zuordnen? Warum?*

Die Abbildungen zeigen geselliges Schwimmen, Sportschwimmen und Brustschwimmen in ruhigem Wasser. Letzteres lässt sich somit weniger Jorge de Houwelandt zuordnen, da dieser sehr zügig kraulschwimmt. Auch der gesellige Aufenthalt im Wasser passt nicht zur Hauptfigur, da Jorge stets allein schwimmt und Gesellschaft meidet. Zuordnen lässt sich am ehesten die Abbildung des konzentrierten Sportschwimmers, der durch das knappe Atmen an der Oberfläche Präzision, Übung und Vertrautheit mit dem Element, aber auch das Ringen damit erkennen lässt.

---

[1] Vgl. den 2010 erschienenen Sammelband „Familien Erzählen. Das literarische Werk John von Düffels", herausgegeben von Stephanie Catani und Friedhelm Marx (Wallstein Verlag, Göttingen 2010).

[2] Catani, Stephanie/Marx, Friedhelm: „Familie ist ein weites Feld". Erzählte und erzählende Familien im Werk John von Düffels. In: Familien Erzählen. Das literarische Werk John von Düffels. Hg. v. Stephanie Catani und Friedhelm Marx. Göttingen 2010, S. 9

[3] Brunnhuber, Petra: „Die Gnade des Wassers". Das Urelement in den Werken John von Düffels. In: Familien Erzählen. Das literarische Werk John von Düffels. Hg. v. Stephanie Catani und Friedhelm Marx. Göttingen 2010, S. 54

Anschließend wird das Brecht-Gedicht „Vom Schwimmen in Seen und Flüssen" ausgeteilt und gemeinsam gelesen (**Arbeitsblatt 19**, S. 63). Verständnisfragen zum Text beziehen sich meist auf Z. 27: „Und alle Dinge sind, wie's ihnen frommt", was so viel bedeutet wie: „Alle Dinge sind so, wie sie sein sollten" oder „Alle Dinge sind so, wie es ihnen zukommt". Das Gedicht und die „Houwelandt"-Passagen S. 9 –11 sowie S. 144 –145 werden arbeitsteilig erarbeitet, wobei je eine Hälfte der Klasse einen Text erhält, der anschließend in Partnerarbeit mithilfe des folgenden Arbeitsauftrags näher untersucht wird:

> ■ *Analysieren und interpretieren Sie die Ihnen vorliegende Textpassage in Partnerarbeit. Untersuchen Sie, wie Schwimmen bzw. das Im-Wasser-Sein sprachlich beschrieben wird, welche Gefühle damit verbunden sind und welcher Zustand sich daraus ergibt. Zitieren Sie passende Textstellen und halten Sie Ihre Ergebnisse in Stichworten fest.*

Ein Vergleich, der gemeinsam im Plenum durchgeführt wird, prüft die Ergebnisse anschließend auf Unterschiede und Gemeinsamkeiten hin. Mögliche Ergebnisse dieser Arbeitsphase finden sich im Lösungsanhang zu **Arbeitsblatt 20**, S. 64f.

Vertieft wird die Erschließung der Wasser- und Schwimmmetaphorik durch den Artikel „Wasser" des Metzler Lexikons literarischer Symbole (**Arbeitsblatt 21**, S. 66). Dieser Schritt fördert zum einen den methodischen Umgang mit Lexikonartikeln, zum anderen die inhaltliche Verknüpfung der Wassermetaphorik bei Brecht und von Düffel mit übergeordneten Zusammenhängen. Die Komplexität des Artikels erfordert ein Vorgehen in zwei Schritten: Zunächst erfolgen Lektüre und Klärung von Fragen zum Text, anschließend die Verknüpfung mit den literarischen Texten. Der erste Arbeitsauftrag lautet folglich:

> ■ *Arbeiten Sie den vorliegenden Lexikonartikel durch. Unterstreichen Sie Abschnittsüberschriften und wichtige Inhalte farbig und notieren Sie am Rand Verständnisfragen.*

Nach der Klärung von Fragen, die sich häufig auf Symbole wie Verweispfeile oder einzelne Begriffe richten, werden die Schülerinnen und Schüler aufgefordert, die Verbindung zu Brecht und von Düffel herzustellen:

> ■ *Überlegen Sie gemeinsam mit Ihrem Sitznachbarn, welche Aspekte des Lexikonartikels in einem Zusammenhang mit den Texten von Brecht und von Düffel stehen. Notieren Sie Ihre Überlegungen in Stichworten*

Die Ergebnisse können in Form eines Tafelbildes festgehalten werden:

Wassermetaphorik in Bertolt Brechts „Vom Schwimmen in Seen und Flüssen" und John von Düffels „Houwelandt"

- Über das Wasser wird Ursprüngliches und Göttliches erfahrbar (Wasser als Symbol des Ursprungs und Urgrunds des Seins).
- Es vermittelt ein starkes Gefühl von Lebendigkeit und Einheit mit der Natur (Wasser als Leben spendendes Element der Reinigung und Wiedergeburt).
- Die Endlichkeit dieses Zustands verweist auf die Endlichkeit allen Lebens (Wasser als Symbol des Todes).
- Wasser als Ort der Regression, Entgrenzung und Auflösung (Wasser als Symbol des Unbewussten)

Väter und Söhne

"ICH WÜRD' JA GERN, ABER ICH MUSS MEINEM VATER NOCH BEI MEINEN HAUSAUFGABEN HELFEN"

www.BILDERGESCHICHTEN.eu

- Beschreiben Sie, was auf der Abbildung zu erkennen ist. Wie würden Sie das Thema des Cartoons benennen?
- Welche Zusammenhänge sehen Sie zwischen dem Cartoon und „Houwelandt"?

Die Konflikte der männlichen Linie der de Houwelandts

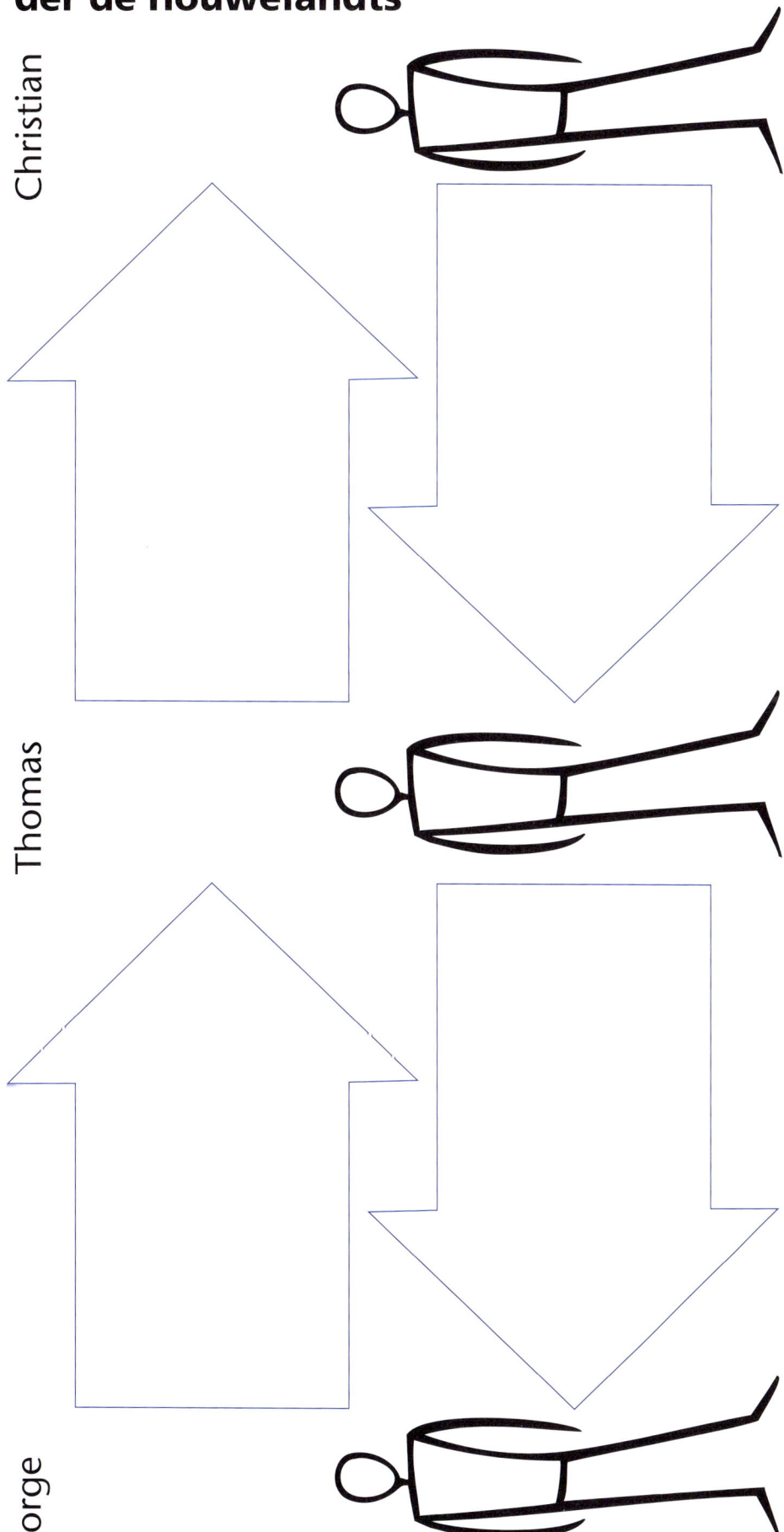

Christian

Thomas

Jorge

■ *Charakterisieren Sie zusammenfassend und mithilfe von ausgewählten Zitaten die Beziehungsstruktur zwischen Jorge/Thomas und Thomas/Christian. Tragen Sie Ihre Ergebnisse in die jeweiligen Pfeile ein.*

AB 12

BS 3

Die Konflikte der männlichen Linie der de Houwelandts (Lösung)

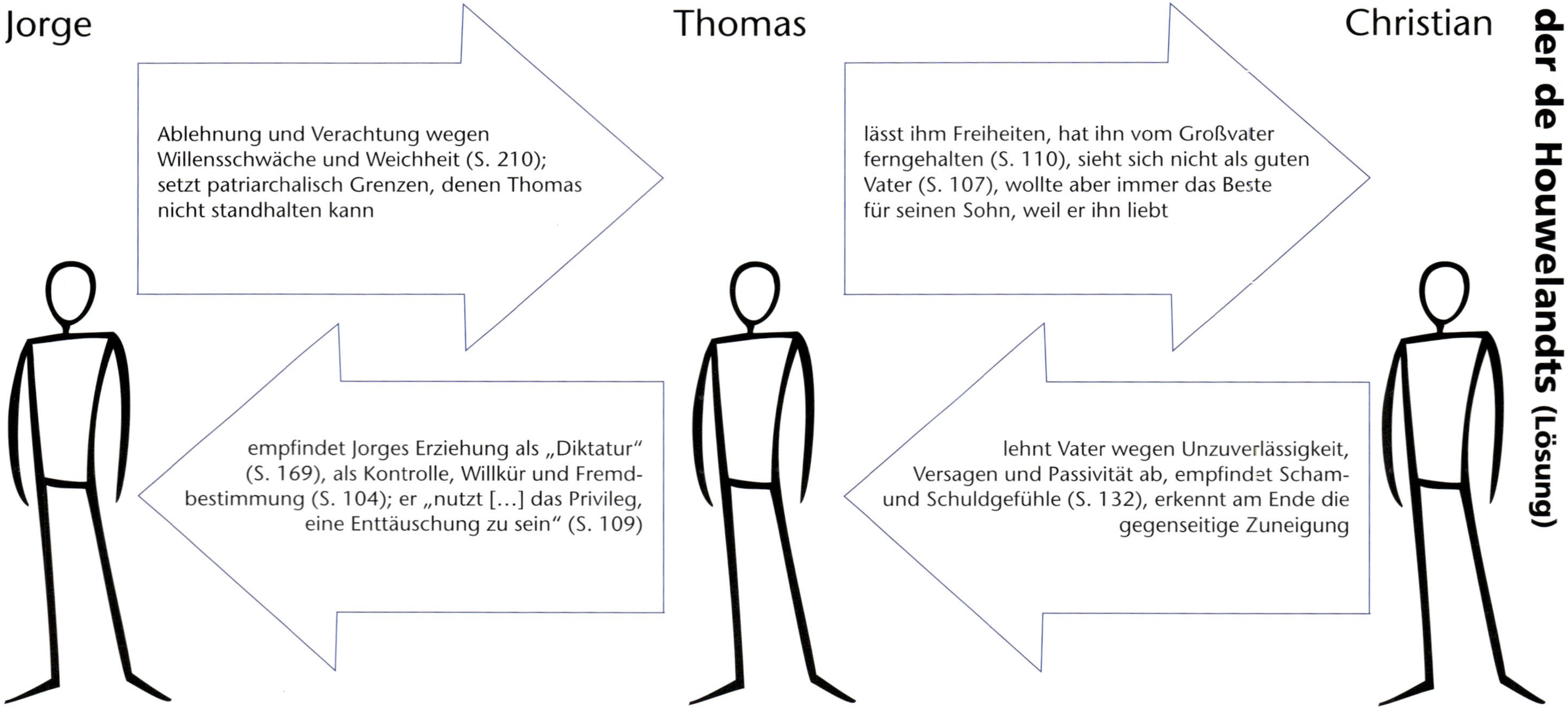

Jorge

↑ Ablehnung und Verachtung wegen Willensschwäche und Weichheit (S. 210); setzt patriarchalisch Grenzen, denen Thomas nicht standhalten kann

↓ empfindet Jorges Erziehung als „Diktatur" (S. 169), als Kontrolle, Willkür und Fremdbestimmung (S. 104); er „nutzt […] das Privileg, eine Enttäuschung zu sein" (S. 109)

Thomas

↑ lässt ihm Freiheiten, hat ihn vom Großvater ferngehalten (S. 110), sieht sich nicht als guten Vater (S. 107), wollte aber immer das Beste für seinen Sohn, weil er ihn liebt

↓ lehnt Vater wegen Unzuverlässigkeit, Versagen und Passivität ab, empfindet Scham- und Schuldgefühle (S. 132), erkennt am Ende die gegenseitige Zuneigung

Christian

Die Beziehungen zwischen Jorge, Thomas und Christian sind von Konflikten geprägt, die aus den Charaktereigenschaften der Figuren resultieren. Diese werden aber auch durch das problematische Familienleben mit geformt. Eine Lösung findet sich für Jorge und Thomas nicht, für Thomas und Christian erst am Ende des Romans.

■ *Charakterisieren Sie zusammenfassend und mithilfe von ausgewählten Zitaten die Beziehungsstruktur zwischen Jorge/Thomas und Thomas/Christian. Tragen Sie Ihre Ergebnisse in die jeweiligen Pfeile ein.*

Optische Täuschung

■ *Wie schätzen Sie die Größe der inneren Kreise im Vergleich zueinander ein?*

Gedächtnis

Gedächtnis und Erinnerung müssen deutlich voneinander unterschieden werden. Gedächtnis ist eine neuronale Funktion, Erinnerung eine kognitiv-psychische Konstruktion, die bewusst werden muss und dann sprachlich formuliert werden kann. […] Erinnerung hängt nicht von Vergangenheit ab, sondern Vergangenheit gewinnt erst durch die Modalitäten des Erinnerns Identität: Erinnern konstruiert Vergangenheit, und zwar auch wissenschaftliches historiografisches Erinnern, das nicht etwa ‚die Vergangenheit' darstellt, sondern eine Vergangenheit durch Rekurs auf Zeugnisse in erzählenden Sinnzusammenhängen herstellt. Erinnern als aktuelle Sinnproduktion wird erheblich beeinflusst von gestaltendem Erzählen. Beide scheinen denselben Mustern kohärenter Konstruktion von Zusammenhängen zu folgen. […] Unser Gedächtnis arbeitet offenbar im Dienst des menschlichen Bedürfnisses, dem Leben des Einzelnen wie der Gesellschaft einen erzählbaren und erzählenswerten Sinn zu geben. Im Erinnern wird Erlebtes so mit Erzähltem verbunden, dass endgültig verloren geht, was man als ‚wirkliche Quelle' oder ‚reales Erlebnis' bezeichnen könnte.

Ansgar Nünning: Gedächtnis. In: Metzler Lexikon Literatur- und Kulturtheorie. Hrg. von Ansgar Nünning. 2., überarbeitete und erweiterte Auflage. S. 211–212
© 2001 J.B. Metzler'sche Verlagsbuchhandlung und Carl Ernst Poeschel Verlag GmbH in Stuttgart

■ *Welche Zusammenhänge sehen Sie zwischen dem Lexikonartikel und der Erinnerungs- und Wahrnehmungsthematik in „Houwelandt"?*

Häuser

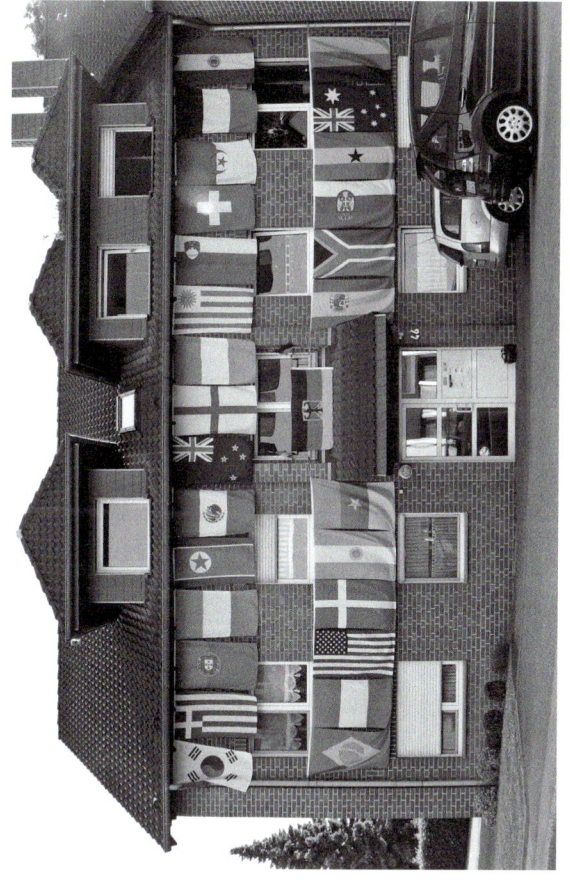

Wählen Sie eines der vier Häuser aus und beschreiben Sie es. Warum ist es Ihnen besonders aufgefallen? Welche Rückschlüsse könnte das Haus auf seine Bewohner zulassen?

Die „Hundehütte": Der Familiensitz der de Houwelandts

vor der Renovierung: nach der Renovierung:

→ Fazit:

■ *Sammeln Sie zu zweit anhand der Textstellen (S. 12, 19–21, 25, 27, 119, 163, 181) zentrale Charakteristika und Beschreibungen des Familiensitzes der de Houwelandts. Tragen Sie diese auf dem Arbeitsblatt ein und überlegen Sie in einem Fazit, was dadurch zum Ausdruck gebracht wird. Ziehen Sie dazu auch Arbeitsblatt 17 hinzu.*

Metapher, Motiv und Symbol

Metapher:

Von griechisch *metaphora* – Übertragung; uneigentlicher sprachlicher Ausdruck: das eigentlich gemeinte Wort wird ersetzt durch ein anderes, das eine sachliche oder gedankliche Ähnlichkeit oder dieselbe Bildstruktur aufweist, z. B. ‚Quelle' für ‚Ursache'. Die Sprache springt dabei gleichsam von einem Vorstellungsbereich in einen anderen. Bei einem beträchtlichen Teil der Metaphern lässt sich auch jeweils ein tertium comparationis (Gemeinsamkeit zweier verschiedener Gegenstände oder Sachverhalte) ausmachen. Metaphern treten in großer Vielzahl auf und berühren sich zuweilen mit anderen Formen uneigentlichen Sprechens (Tropen) wie z. B. Allegorie, Symbol oder Personifikation. Beispiele für Metaphern: ‚Wüstenschiff' für ‚Kamel' ‚Auge des Himmels' für ‚Mond', ‚flammender Zorn'.

Literarisches Motiv:

Ein stofflich-thematisches, situationsgebundenes Element in Texten, dessen Grundform schematisiert beschrieben werden kann, z. B. das mit vielen historischen Stoffen verbundene Motiv des Dreiecks-Verhältnisses, des unerkannten Heimkehrers, des Doppelgängers, der feindlichen Brüder etc. Neben diesen Situations-Motiven finden sich z. B. Typus-Motive (Einzelgänger, böse Frau etc.), Raum- und Zeit-Motive (Schloss, Ruine, Nebel etc.) oder auch lyrische Motive (Dämmerung, Liebesleid, Waldeinsamkeit etc.) oder Märchenmotive (böse Hexe, drei Wünsche etc.).

Literarisches Symbol:

Von griechisch *symbolon* – Kennzeichen, *symballein* – zusammenwerfen, zusammenfügen; ein bildhaftes Zeichen, das über sich hinaus auf höhere geistige Zusammenhänge weist und damit auch der Veranschaulichung eines Begriffes dient. Symbole gewannen besondere Bedeutung im Mythos (Attribute der Götter), in der Religion (Kreuz als Symbol des Christentums), in Dichtung und Kunst, aber auch in der politischen und militärischen Selbstdarstellung (Wappen, Fahnen), in Brauchtum und Alltagsleben. Symbolische Handlungen sind z. B. Taufe oder Fahnenweihe. Ein Phänomen kann in verschiedenen Epochen oder Kulturkreisen unterschiedliche symbolische Bedeutung haben. So symbolisiert z. B die Eule im Altertum Weisheit, im christlichen Mittelalter die Abkehr vom Christentum.

Metapher, Literarisches Motiv, Literarisches Symbol. Nach: Metzler Literatur Lexikon. Begriffe und Definitionen. Hrg. von Günther und Irmgard Schweikle. 2., überarbeitete Auflage. S. 301, 312, 450–451 © 1990 J.B. Metzler'sche Verlagsbuchhandlung und Carl Ernst Poeschel Verlag GmbH in Stuttgart

Schwimmen

- *Beschreiben Sie, was auf den Abbildungen zu erkennen ist.*
- *Welche Arten des Im-Wasser-Seins sind hier abgebildet?*
- *Welche würden Sie Jorge de Houwelandt zuordnen? Warum?*

Bertolt Brecht:
Vom Schwimmen in Seen und Flüssen

1.
Im bleichen Sommer, wenn die Winde oben
Nur in dem Laub der großen Bäume sausen
Muß man in Flüssen liegen oder Teichen
Wie die Gewächse, worin Hechte hausen.
⁵ Der Leib wird leicht im Wasser. Wenn der Arm
Leicht aus dem Wasser in den Himmel fällt
Wiegt ihn der kleine Wind vergessen
Weil er ihn wohl für braunes Astwerk hält.

2.
Der Himmel bietet mittags große Stille.
¹⁰ Man macht die Augen zu, wenn Schwalben kommen.
Der Schlamm ist warm. Wenn kühle Blasen quellen
Weiß man: ein Fisch ist jetzt durch uns geschwommen.
Mein Leib, die Schenkel und der stille Arm
Wir liegen still im Wasser, ganz geeint.
¹⁵ Nur wenn die kühlen Fische durch uns schwimmen
Fühl ich, daß Sonne überm Tümpel scheint.

3.
Wenn man am Abend von dem langen Liegen
Sehr faul wird, so, daß alle Glieder beißen
Muß man das alles, ohne Rücksicht, klatschend
²⁰ in blaue Flüsse schmeißen, die sehr reißen.
Am besten ist's, man hält's bis Abend aus
Weil dann der bleiche Haifischhimmel kommt
Bös und gefräßig über Fluß und Sträuchern
Und all Dinge sind, wie's ihnen frommt.

4.
²⁵ Natürlich muß man auf dem Rücken liegen
So wie gewöhnlich. Und sich treiben lassen.
Man muß nicht schwimmen, nein, nur so tun, als
Gehöre man einfach zu den Schottermassen.
Man soll den Himmel anschaun und so tun
³⁰ Als ob einen ein Weib trägt, und es stimmt.
Ganz ohne großen Umtrieb, wie der liebe Gott tut
Wenn er am Abend noch in seinen Flüssen schwimmt.

Aus: Bertolt Brecht, Werke. Große kommentierte Berliner und Frankfurter Ausgabe, Band 11: Gedichte 1.
© Bertolt-Brecht-Erben/Suhrkamp Verlag 1988

■ *Analysieren und interpretieren Sie das Gedicht in Partnerarbeit. Untersuchen Sie, wie Schwimmen bzw. das Im-Wasser-Sein sprachlich beschrieben wird, welche Gefühle damit verbunden sind und welcher Zustand sich daraus ergibt. Zitieren Sie passende Textstellen und halten Sie Ihre Ergebnisse in Stichworten fest.*

Schwimmen als literarisches Motiv

Bertolt Brecht: Vom Schwimmen in Seen und Flüssen	John von Düffel: Houwelandt, S. 9–11 und S. 144–145

• „Der Leib wird leicht im Wasser" (Z. 5)
  → Entlastung von Körper und Seele
 	
• …
	• „Das Meer schmeckte nach Schlaf" (S. 9)
	  → andere Welt, Traumhaftigkeit
	
	• …

Gemeinsamkeiten:

Unterschiede:

■ *Analysieren und interpretieren Sie die Ihnen vorliegende Textpassage in Partnerarbeit. Untersuchen Sie, wie Schwimmen bzw. das Im-Wasser-Sein sprachlich beschrieben wird, welche Gefühle damit verbunden sind und welcher Zustand sich daraus ergibt. Zitieren Sie passende Textstellen und halten Sie Ihre Ergebnisse in Stichworten fest.*

Schwimmen als literarisches Motiv (Lösung)

Bertolt Brecht: Vom Schwimmen in Seen und Flüssen	John von Düffel: Houwelandt, S. 9–11 und S. 144–145
• „Der Leib wird leicht im Wasser" (Z. 5) → Entlastung von Körper und Seele	• „Das Meer schmeckte nach Schlaf" (S. 9) → andere Welt, Traumhaftigkeit
• Eins-Werden mit der Natur; der Mensch fügt sich ein, gleicht sich der Natur an (Z. 7/8)	• „Was er brauchte, war das Meer" (S. 9) – Notwendigkeit des Meeres für Jorge
• sich treiben lassen (Z. 26) → ausruhen, keine Anstrengung	• „Er verspürte keinen Drang nach Luft" (S. 9) → Meer als natürliche Umgebung
• „wie der liebe Gott tut, wenn er am Abend noch in seinen Flüssen schwimmt" (Z. 31 f.) → Nähe zu Gott	• „Gefühl des Entronnenseins" (S. 10) → Flucht vor der realen Welt
• „ein Fisch ist jetzt durch uns geschwommen" (Z. 12) → Gespür für die Natur; Mensch als Materie löst sich auf und wird eins mit der Natur	• Schwerelosigkeit (S. 10)
• „der Arm leicht aus dem Wasser in den Himmel fällt" (Z. 5 f.) → Aufhebung von Naturgesetzen	• Gefühl vollkommener Ruhe (S. 11)
• positives Ausgeliefert-Sein, Hingabe	• Jorge schwimmt, um Gott in allen Dingen nahe zu sein (S. 144)
• Schwimmen als von Gott gegebene, natürliche Fähigkeit	• Schwimmen stärkt gegen Zweifel an Gott (S. 144)
	• Schwimmen als Gebet (S. 145)
	• Gnade und Vergebung durch das Meer (S. 145)

Gemeinsamkeiten: Nähe zu Gott, Hingabe an die Natur, Ruhe und Harmonie, meditativer Zustand

Unterschiede: Schwimmen versus Sich-treiben-Lassen → bei Jorge ist Schwimmen mit Willen, Aktivität, Disziplin und Anstrengung verbunden

> ■ *Analysieren und interpretieren Sie die Ihnen vorliegende Textpassage in Partnerarbeit. Untersuchen Sie, wie Schwimmen bzw. das Im-Wasser-Sein sprachlich beschrieben wird, welche Gefühle damit verbunden sind und welcher Zustand sich daraus ergibt. Zitieren Sie passende Textstellen und halten Sie Ihre Ergebnisse in Stichworten fest.*

Wasser

Symbol des Ursprungs, des Lebens und des Todes sowie des Unbewussten. – Relevant für die Symbolbildung sind (a) die lebensspendende und lebenserhaltende Funktion des W., (b) die lebensbedrohende Dimension des W., (c) die Wandlungsfähigkeit des W.

1. Symbol des Ursprungs. Die Vorstellung vom W. als Ursprung allen Lebens findet sich in den Kosmogonien vieler Völker, in denen das W. als göttlich verstandener homogener Urgrund des Seins in Erscheinung tritt. So in der babylon. Weltschöpfungserzählung *Enuma eliš;* in der sumer. Mythologie oder aber in den altind. Veden, in denen die Gewässer als die *mâtritamâh*, d. h. als die Mütterlichsten bezeichnet werden. Der bibl. Schöpfungsbericht imaginiert den Geist Gottes, der belebend und gestaltend über den ursprüngl. chaot. W.massen schwebt (Gen 1.1f.). In Homers *Ilias* erscheint Okeanos als „Strom, der allen Geburt verliehn und Erzeugung" (XIV 246) und als Ahn der Götter (XIV, 201). Am Anfang der frühgriech. Philosophie begreift Thales das W. als Grundstoff alles Seienden und sich ewig wandelnde und erhaltende Ursubstanz: »Der Urgrund aber ist das W.« (*Fragmente*).

2. Symbol des Lebens und des Todes, der Reinigung. Im Rahmen des christl. Taufsakraments erscheint das W. im Rekurs auf die Ursprungssymbolik (s. 1.) als Leben spendendes Element der Reinigung und Wiedergeburt. Einschlägig ist v.a. im europ. Volksmärchen die an die christl. Bedeutung anschließende Vorstellung vom ‚W. des Lebens', das Heilung bringt, Gesundheit, Jugend und ewiges Leben verheißt (Grimm, *Das W. des Lebens*). – In F. Colonnas *Hypnerotomachia Poliphili* (1499) werden W.spiele Anlass und Symbol erot. Begegnung; v.a. die romant. Lyrik beerbt die erot. Aufladung der W.-Symbolik, indem das bewegte W. zum Element der Sehnsucht nach sexueller Vereinigung stilisiert wird (Eichendorff, *Wehmut* III; Heine, *Der Asra*; Eichrodt, *Die Braut*; Droste-Hülshoff; *W.*). – Neben den lebensbedrohl. Erscheinungsformen des Wassers in Gestalt des Meeres und der Flut, schlägt sich die Todessymbolik des W. in der Lit. der Neuzeit u.a. in zwei Motiv-Komplexen nieder: zum einen im Ophelia-Motiv (Shakespeare, *Hamlet*; dann z.B. G. Heym, *Ophelia*), zum anderen im Topos des ertrinkenden Kindes (so Goethe, *Wahlverwandtschaften* II, 13; Storm, *Aquis submersus*). – Zugleich setzt im 18. und 19. Jh. ein Erhabenheitsdiskurs ein, der das Gefühl der Ohnmacht des Menschen angesichts der todesdrohenden Erhabenheit der W.massen (Goethe, *Meeresstille*) wie aber auch den totalen menschl. Herrschaftswillen über das Element W. bündelt und erneut die Ambivalenz des W.-Symbols vor Augen führt (exemplarisch bei Goethe; [...]). Die bereits in Goethes *Faust II* (V) einschlägige Dialektik von Naturbeherrschung und Landgewinnung findet in der Lit. des Realismus ihre Fortsetzung (z.B. Storm, *Der Schimmelreiter*). Ausgehend von den romant. Adaptionen der Undinen- und Melusinensagen (Fouqué) kommt es auch zu einer Engführung des bedrohl. elementaren W. und der weibl. Natur, die beide gleichermaßen dem männl. Herrschafts- und Kulturwillen unterworfen werden müssen.

3. Symbol des Unbewussten. Aufgrund der elementaren Dynamik und Wandlungsfähigkeit des W. konstatiert bereits Goethe: „Seele des Menschen wie gleichst Du dem W." (*Gesang der Geister über den Wassern*) und für den Psychoanalytiker C.G. Jung ist das W. im Rahmen der Traumdeutung das zentrale Symbol für die ungeordnete Fülle des Unbewussten (*Der Mensch und seine Symbole*), so auch G. Benn (*Trunkene Flut*). Entsprechend bietet der blanke W.spiegel stiller Gewässer wie im antiken Narziss-Mythos (Ovid, *Metamorphose* III 339 [...]) auch die klass. Projektionsfläche des Unbewussten (Rilke, *Waldteich* [...]). Ebenso ist v.a. in der Lit. der Moderne mit dem W. die Sehnsucht nach einer rauschartigen Regression (Benn, *Regression*), nach Rückkehr zum Ursprung, nach Entgrenzung und Auflösung im archaischen Element des Urwassers in der mütterl. Matrix verbunden. [...]

In: Daniela Gretzer: „Wasser". In: Metzler Lexikon literarischer Symbole. Hrg. von Günter Butzer und Joachim Jacob. S. 414–415 © 2008 J.B. Metzlersche Verlagsbuchhandlung und Carl Ernst Poeschel Verlag in Stuttgart

---

- *Arbeiten Sie den vorliegenden Lexikonartikel durch. Unterstreichen Sie Abschnittsüberschriften und wichtige Inhalte farbig und notieren Sie am Rand Verständnisfragen.*

- *Überlegen Sie gemeinsam mit Ihrem Sitznachbarn, welche Aspekte des Lexikonartikels in einem Zusammenhang mit den Texten von Brecht und von Düffel stehen. Notieren Sie Ihre Überlegungen in Stichworten.*

Baustein 4
Themenfeld „Familienkonstellationen"

Der folgende Baustein beleuchtet „Houwelandt" im Zusammenhang mit vier ausgewählten Familienkonstellationen aus den Romanen „Effi Briest" von Theodor Fontane, „Buddenbrooks" von Thomas Mann, „Das Muschelessen" von Birgit Vanderbeke und „Karte und Gebiet" von Michel Houellebecq. Die Auswahl der Texte bietet die Möglichkeit, die Familienkonstellation in „Houwelandt" zum einen mit traditionell-historischen Familienverhältnissen zu kontrastieren, zum anderen aber auch deren Besonderheiten im Vergleich mit anderen zeitgenössischen Texten herauszuarbeiten. Die Arbeit an den Texten kann individuell auf den Unterricht zugeschnitten werden oder auch in Form eines Lernzirkels erfolgen, dessen Organisation im Folgenden kurz erläutert wird.

Lernzirkel „‚Houwelandt' im Vergleich mit ausgewählten Romanen"

Lernzirkel sind eine Form der Freiarbeit und entsprechen dem Stationenlernen. Dabei lernen und arbeiten die Schülerinnen und Schüler in einem vorgegebenen Zeitrahmen weitgehend selbstgesteuert und eigenverantwortlich an einzelnen Stationen, die Aufgaben und Materialien gebündelt anbieten. Sozialformen wie Einzel- oder Partnerarbeit sind entweder in die Aufgaben eingebettet oder können von den Teilnehmerinnen und Teilnehmern frei gewählt werden. Von den Stationen können alle oder einige obligatorisch, einige fakultativ zu bearbeiten sein. Auswertung und Lernzielkontrolle können im Plenum, über Lösungsblätter oder z. B. Partnerkontrolle erfolgen. Zu Beginn der Arbeitsphase sollte das Thema zunächst eingeführt und anschließend der Ablauf des Zirkels erläutert werden. Dann folgen die Arbeit an den Stationen, die Ergebnisaufbereitung und -sicherung sowie die Reflexion der Lernmethode.

Der vorliegende Lernzirkel umfasst vier Stationen und kann – je nach Vertiefungsgrad und Verhältnis der obligatorischen und fakultativen Stationen – in ein bis zwei Doppelstunden durchgeführt werden. Eine Station besteht aus einem Satz Textblätter, einem Satz Inhaltsangabe und einem Satz Aufgaben. Die Anzahl der Kopien richtet sich nach der Größe der Lerngruppe. Die Schülerinnen und Schüler erhalten keinen vorgefertigten Laufzettel, auf dem die Ergebnisse eingetragen werden, sondern benutzen teils die Aufgabenblätter, teils Notiz-DIN-A4-Blätter, die anschließend eingeheftet werden. Die unten angeführten Informationen zu den einzelnen Arbeitsblättern können als Zusatzinformation oder Lösungsabgleich dienen, sodass jeder Schüler am Ende der Freiarbeitsphase zumindest je einen vollständigen Satz der Arbeitsblätter und die eigenen Lösungen bzw. Lösungsblätter für seine Unterlagen hat.

Die folgenden Kapitel beinhalten jeweils eine kurze inhaltliche Zusammenfassung und Information zum jeweiligen Roman, eine Zusammenstellung von Aufgaben und Lösungshinweise.

4.1 Theodor Fontane: Effi Briest
(erschienen 1895) (Arbeitsblatt 22, S. 74)

Inhalt:

Die siebzehnjährige Effi von Briest wird von dem doppelt so alten Landrat Geert Baron von Innstetten geheiratet, der früher ihre Mutter verehrt hatte. Im hinterpommerschen Kessin, wo das Paar fortan lebt, langweilt sich die naive und lebensfrohe junge Frau und der pflichtbewusste, pedantisch-korrekte und wenig einfühlsame Mann kann ihr nicht die Liebe geben, nach der sie sich sehnt. Auch nachdem sie eine Tochter zur Welt gebracht hat, fühlt sie sich weiterhin einsam.

Bald nach der Geburt der kleinen Annie trifft der neue Landwehrbezirkskommandeur Major von Crampas in Kessin ein. Er ist zwar verheiratet und hat zwei Kinder, doch er flirtet gern mit anderen Frauen. Bald geht er beim Ehepaar von Innstetten ein und aus. Der leichtlebige und Prinzipien verachtende Major wirbt um Effi, und bei einer weihnachtlichen Schlittenfahrt küsst er ihr die Hand. Effi fühlt sich hin- und hergerissen zwischen den gesellschaftlichen Erwartungen und ihrer Sehnsucht nach romantischen Gefühlen. Wegen ihrer Schuldgefühle ist sie froh, als Innstetten Ministerialrat wird und mit ihr nach Berlin umzieht, denn sie hofft, damit der Einsamkeit, Langeweile und der Versuchung durch von Crampas zu entkommen. Sie stellt sich krank, um nicht mehr nach Kessin zurückkehren zu müssen, und wünscht sich einen Neuanfang. Tatsächlich scheint sich alles zum Guten zu wenden: Effi ist nun eine gereifte junge Mutter, die eine ruhige Ehe führt und es angenehm findet, dass ihr Mann sich die Zeit nimmt, mit ihr spazieren zu gehen.

Sechs Jahre nach ihrem Umzug rät ein Arzt Effi zu einer Kur, und sie fährt nach Bad Ems. Während ihrer Abwesenheit entdeckt von Innstetten zufällig ein Bündel alte, an seine Frau gerichtete Briefe von Crampas. Der Fünfundvierzigjährige fühlt sich in seiner Ehre verletzt und glaubt, es dem Kodex der Gesellschaft schuldig zu sein, den Major zum Pistolenduell zu fordern. Es findet in den Dünen bei Kessin statt. Von Crampas wird tödlich getroffen. Während von Innstetten nach Berlin zurückreist, beginnt er daran zu zweifeln, ob es nicht besser gewesen wäre, die alte Angelegenheit auf sich beruhen zu lassen. Er unterrichtet zwar die Hausangestellten, dass seine Frau nicht mehr bei ihm wohnen werde, überlässt es jedoch Effis Mutter, ihr seine Entscheidung brieflich mitzuteilen. Annie wächst bei Baron von Innstetten auf. Effi wohnt mit ihrer Bediensteten Roswitha in einer kleinen Wohnung in Berlin. Vergeblich versucht sie, sich durch Malen und am Klavier zu zerstreuen. Erst nach drei Jahren darf sie ihre Tochter kurz wiedersehen, aber das Kind bleibt – vom Vater entsprechend instruiert – höflich distanziert. Effi zerbricht an den gesellschaftlichen Konventionen und wird krank. Ihr Arzt kann das Leid nicht mehr mit ansehen und schreibt ihren Eltern. Obwohl die Mutter das Gerede der Leute fürchtet, setzt der Vater sich darüber hinweg und erlaubt seiner Tochter, nach Hohen-Cremmen zurückkehren. Doch sie hat nicht mehr lange zu leben. Auf dem Totenbett beschwört sie ihre Mutter, Innstetten auszurichten, dass sie ihm nichts nachtrage und versöhnt mit ihm und der Welt sterbe. Auf der Grabplatte steht „Effi Briest". Das hat sie sich gewünscht: „Ich möchte auf meinem Stein meinen alten Namen wieder haben; ich habe dem andern keine Ehre gemacht."

Nach: http://www.dieterwunderlich.de/Fontane_Briest.htm, Zugriff: 28.09.2011 © www.dieterwunderlich.de

Aufgaben zur Textbearbeitung:

- *Beschreiben Sie die Situation, in der sich Mutter und Tochter hier befinden, und charakterisieren Sie die Beziehung der beiden mithilfe von Textzitaten.*

- *Vergleichen Sie die Beschreibung der „Hundehütte" mit der des Briest'schen Hauses. Welche Rückschlüsse erlauben die Beschreibungen auf die jeweiligen Familien?*

Lösungshinweise:

Effi Briest und ihre Mutter sitzen an einem heißen Sommertag in einem kühlen Bereich des Gartens (Fliesengang), der hinter dem Herrenhaus der Familie zu Hohen-Cremmen liegt. Sie sind damit beschäftigt, einen Altarteppich herzustellen. Beide gehen also einer christlich geprägten häuslichen Tätigkeit nach. Mutter und Tochter befinden sich an einem geschützten, ruhigen und beschaulichen Ort, im Garten des Herrenhauses. Das Haus selbst, die Ausstattung des Hauses sowie der Verweis auf das soeben stattgefundene Mittagessen („Dessertteller", Z. 51) veranschaulichen den Wohlstand der Familie.

Die Mutter ist sichtlich stolz auf ihre Tochter und beobachtet diese immer wieder „verstohlen" (Z. 66), um ihren mütterlichen Stolz nicht zu offen zu zeigen. Die Beziehung wird zwar nicht direkt charakterisiert, doch lassen die Beschreibungen auf ein intaktes Mutter-Tochter-Verhältnis schließen: Effi fühlt sich in Gegenwart der Mutter frei genug, ihren gymnastischen Übungen nachzugehen; sie trägt ein „kittelartiges Leinwandkleid" (Z. 69f.), das sie nicht einengt; ihr werden Attribute wie „Übermut und Grazie" (Z. 74) sowie „eine große natürliche Klugheit und viel Lebenslust und Herzensgüte" (Z. 75f.) zugesprochen.

Im Unterschied zur Houwelandt'schen „Hundehütte" wird das Herrenhaus zu Hohen-Cremmen von den Briests bewohnt und ist ein Ort aktiven Familienlebens. Das Anwesen ist in gutem Zustand und befindet sich im Zentrum des Dorfes direkt neben dem Kirchhof. Der erste Satz verweist auf die lange Tradition dieses Familiensitzes, der im Unterschied zu „Houwelandt" gepflegt wird. Das „Hufeisen" (Z. 25) des Anwesens verdeutlicht die Geborgenheit eines Schutzraumes, aber auch die Hermetik dieser herrschaftlich-bürgerlichen Lebensweise – eine Geschlossenheit, die wiederum durch Elemente wie Schaukel und Boot aufgelockert wird. Die Beschreibung steht im Kontrast zum Herrensitz der de Houwelandts: Die Anfangsszene von „Effi Briest" zeigt ein räumliches und emotionales Familienidyll, während der verwahrloste Zustand der „Hundehütte" die zerrütteten Familienstrukturen der de Houwelandts veranschaulicht.

4.2 Thomas Mann: Buddenbrooks
(erschienen 1901) (Arbeitsblatt 23, S. 75f.)

> **Inhalt:**
>
> Der Roman erzählt von dem im Verlauf von vier Generationen sich vollziehenden Niedergang einer patrizischen Lübecker Kaufmannsfamilie. Die direkt erzählte Handlung umfasst die Zeit von 1835 bis etwa 1877, wenig mehr als 40 Jahre. Sie setzt ein mit der Feier anlässlich des Erwerbs des neuen Geschäftshauses der Firma. Drei Generationen sind anwesend. Johann Buddenbrook senior, etwa 70 Jahre alt, vertritt eine nicht durch Reflexion angekränkelte praktische bürgerliche Philosophie, auf deren Grundlage er es mit Tüchtigkeit und Leistung zu etwas gebracht hat. Mit seinem Sohn Johann (Jean) Buddenbrook junior beginnt der Verfallsprozess: Er ist fromm, und seine pietistisch geprägte Frömmigkeit gerät immer wieder in Widerspruch zu den Forderungen des Geschäftslebens. Diese erhalten freilich im Konfliktfall stets den Vorrang. Der sich in der sentimentalen Religiosität ankündigende Verfall wird offenbar in der dritten Generation, den Kindern des Konsuls Jean Buddenbrook, insbesondere den Brüdern Thomas und Christian. Während Christian seine exzentrische, neurotische Natur zum Schrecken der Familie auf unbürgerliche Weise auslebt und ‚Leistung' verweigert, übernimmt Thomas – zunächst äußerst erfolgreich – die Leitung des Handelshauses und steigt sogar zum Senator auf. Doch es wird immer deutlicher, dass es ihm nur noch mit äußerster Willenskraft und Selbstbeherrschung gelingt, die bürgerliche Fassade aufrechtzuerhalten. Der frühe Tod, er stirbt 48-jährig, ist Resultat der ständigen Überforderung des Lebens gegen die eigene Natur. Sein Sohn Hanno repräsentiert die letzte Stufe des Verfallsprozesses: Er ist sensibel, kränklich, unpraktisch, lebensuntüchtig. Er stirbt an Typhus. Es überlebt Tony (Antonia) Buddenbrook, Schwester von

> Thomas und Christian (und der jung verstorbenen Clara): Ihr Dasein bildet den Kontrast zur Verfallsentwicklung als Folge zunehmender Reflexivität; sie bleibt auch nach gescheiterten Ehen unverändert dieselbe – naiv, unreflektiert, ungebrochen.
>
> Volker Meid: Metzler Literatur-Chronik. Werke deutschsprachiger Autoren. S. 497–498 © 1993 J. B. Metzlersche Verlagsbuchhandlung und Carl Ernst Poeschel Verlag in Stuttgart

Aufgaben zur Textbearbeitung:

- Listen Sie die Personen auf, die in dieser Szene vorkommen, und charakterisieren Sie sie anhand ausgewählter Textzitate.
- Welche Rückschlüsse lässt die Gestaltung dieser Szene auf die Familienverhältnisse zu?
- Gibt es eine ähnliche Szene in „Houwelandt"? Wenn ja, welche? Wenn nein, warum wohl nicht?

Lösungshinweise:

Johann Buddenbrook senior, Großvater: 70 Jahre alt; „rundes, rosig überhauchtes und wohlmeinendes Gesicht" (Z. 48 f.); weißes, gepudertes Haar (Z. 51); „Ausdruck von Behaglichkeit" (Z. 59 f.)

Antoinette Buddenbrook, Großmutter: „eine korpulente Dame mit dicken weißen Locken über den Ohren" (Z. 65 f.); „Einfachheit und Bescheidenheit" (Z. 67 f.); ähnelt ihrem Mann

Konsul Johann Buddenbrook junior: hat die Augen seines Vaters, jedoch mit träumerischem Ausdruck (Z. 112 ff.); ernste und scharfe Gesichtszüge, gebogene Nase, weniger korpulent als sein Vater (Z. 118)

Konsulin Elisabeth Buddenbrook: elegante Erscheinung (Z. 82 f.), vermittelt ein „Gefühl von Klarheit und Vertrauen" (Z. 86 f.); trägt kostbaren Schmuck (Z. 100)

Antonie Buddenbrook: acht Jahre alt; zart gebaut; „hübscher Blondkopf" (Z. 18)

Die Szene ist auf das Jahr 1835 datiert (Z. 28) und zeigt drei Generationen der Familie Buddenbrook, die sich im „Landschaftszimmer" des Familiensitzes in Lübeck befinden. Der Roman wird mit einem prägnanten Bild eröffnet: Auf Großvater Buddenbrooks Schoß sitzt seine Enkelin Antonie, die er den Katechismus abfragt. Bereits dieses Bild verweist zum einen auf die bürgerlichen Tugenden, die das Familienleben der Buddenbrooks prägen (wenn sich auch der Großvater über den Katechismus „mokiert", Z. 43), zum anderen aber auch auf die intergenerationellen Verschränkungen und Bindungen innerhalb der Familienkonstellation (Großvater befasst sich mit der Enkelin). Die einzelnen Familienmitglieder nehmen in der Szene wiederholt aufeinander Bezug. Rituale finden sich z. B. insofern, als sich die Familie regelmäßig 14-tägig trifft (Z. 178 f.). Die Anfangsszene des Romans legt intakte Familienverhältnisse über mehrere Generationen hinweg nahe.

In „Houwelandt" existiert eine solche Konstellation nicht – schon allein, weil die Großelterngeneration (Jorge und Esther) dort die Schilderung von Johann sen. und Antoinette Buddenbrook konterkariert. Jorge de Houwelandt ist das Gegenteil des Patriarchen Johann Buddenbrook senior. Eine Familienzusammenkunft wie bei den Buddenbrooks kommt bei den de Houwelandts nicht zustande, was auf die Problematik der Familienkonstellation im Roman verweist. Was als Familienzusammenführung gedacht war – der Geburtstag Jorges –, findet nicht nur ohne den Großvater statt, sondern gerät auch zur Totenfeier.

John von Düffel hat sich in seiner literarischen und dramatischen Arbeit intensiv mit Thomas Mann befasst. Michael Scheffel kommt in seinem Aufsatz „Glieder in einer Kette? Bilder der Familie und Formen des Erzählens in Thomas Manns „Buddenbrooks" und John von Düffels „Houwelandt" zu dem Schluss, dass sich „von Düffels Roman wie eine moderne Kontrafaktur auf die ‚Buddenbrooks' lesen lässt".[1]

4.3 Birgit Vanderbeke: Das Muschelessen
(erschienen 1990) (Arbeitsblatt 24, S. 77 ff.)

> **Inhalt:**
>
> Den Rahmen für die Erzählung bilden ein Abend, an dem Mutter, Tochter und Sohn mit dem Abendessen auf die Ankunft des Vaters warten, der um 18 Uhr von einer Dienstreise zurückkehren soll und dann seine Beförderung mit einer Flasche Wein und seinem Lieblingsessen feiern will: Miesmuscheln, die ihn an seine Flitterwochen und „gewisse Anzüglichkeiten" erinnern, genauer: an die verspätete Hochzeitsreise aus der DDR zum Schwager im Westen, der am Meer wohnte und „ein Muschelessen für sie gekocht hatte, was sie nicht gekannt haben, weil es natürlich im Osten keine Miesmuscheln gab". Als der Vater um 18:03 Uhr noch nicht erschienen ist, wird die Familie nervös, da das Familienoberhaupt sonst immer sehr pünktlich nach Hause zu kommen pflegt. Man unterhält sich, beginnt nicht nur die ekligen Muscheln, sondern auch das Familienoberhaupt selbst zu kritisieren, erst zögernd, dann immer unverblümter, und bald stellt sich heraus, dass die beiden Kinder es besser fänden, wenn ihr Vater für immer wegbliebe. Das auf Wunsch des Vaters künstlich aufrechterhaltene Konstrukt einer „richtigen Familie" funktioniere seit Langem ohnehin nur noch vordergründig. Wenn er zu Hause sei, müssten alle stets penible Ordnung halten, der Tagesablauf sei streng geregelt und alles habe sich ausschließlich nach ihm zu richten. Da der Vater weiter auf sich warten lässt, öffnet man mutig seinen Wein und wird zusehends gelöster. Mit fortschreitendem Abend befreit auch die Mutter sich allmählich vom Druck ihres Mannes und fängt ebenfalls an, sich über dessen Verhalten zu beklagen. Die Familie gibt Schritt für Schritt ihre devote Unterwürfigkeit auf, ereifert sich immer mehr, macht sich über den Patriarchen lustig und beschließt, in Zukunft entschiedener gegen ihn aufzubegehren. Immer empörter werden die Reaktionen, immer ungeheuerlicher die Geschichten, die man sich über die Brutalität des Vaters erzählt. Kurz vor 22 Uhr liegen die Muscheln immer noch unangetastet in der Schüssel, inzwischen kalt und noch ekelerregender geworden. Plötzlich klingelt das Telefon, doch niemand wagt es, den Hörer abzunehmen. Erst nach dem zwanzigsten Läuten steht die Mutter langsam auf und will zum Telefon im Nebenzimmer hinübergehen, bleibt dann aber im Türrahmen stehen, dreht sich um, nimmt die Schüssel mit den Muscheln, kippt sie in den Abfalleimer und wendet sich an den Sohn: „Würdest du bitte den Müll runtertragen?"
>
> Quelle: http://de.wikipedia.org/wiki/Das_Muschelessen, Zugriff: 28.09.2011

Aufgaben zur Textbearbeitung:

- *Beschreiben Sie mit eigenen Worten, welche familiäre Grundstimmung hier vermittelt wird und woran sich dies im Text zeigt.*
- *Wo sehen Sie Unterschiede und/oder Gemeinsamkeiten zu „Houwelandt"?*

Lösungshinweise:

Die Textpassage zeigt den Vater als Mittelpunkt des familiären Geschehens, an dem sich alles ausrichtet. Das Leben von Mutter, Tochter und Sohn teilt sich in zwei Hälften: ein aufgesetztes Verhalten in Anwesenheit des Vaters, versinnbildlicht durch das „Feierabendge-

---

[1] Scheffel, Michael: ‚Glieder in einer Kette'? Bilder der Familie und Formen des Erzählens in Thomas Manns *Buddenbrooks* und John von Düffels *Houwelandt*. In: Catani, Stephanie/Marx, Friedhelm (Hrsg.): Familien Erzählen. Das literarische Werk John von Düffels. Wallstein Verlag: Göttingen 2010, S. 129–143, hier S. 140

sicht" (Z. 49) der Mutter, und ein „verwildertes" (Z. 22) in Abwesenheit des Vaters. Diese Trennung vermittelt die gezwungene Grundstimmung in der Familie und eine potenziell bedrohliche Dominanz des Vaters, die in seinen Vorstellungen von Familie kulminiert: „[…] es mußten sich ja alle umstellen, wenn mein Vater nach Hause kam, damit das Ganze eine richtige Familie war, wie mein Vater das nannte, weil er keine Familie gehabt hat, dafür hat er die genauesten Vorstellungen davon entwickelt, was eine richtige Familie ist, und er hat ausgesprochen empfindlich werden können, wenn man dagegen verstieß." (Z. 122 ff.). Die Ichbezogenheit des Vaters zeigt sich z. B. auch darin, dass er die Kinder auf das „Schuften und Rackern" (Z. 78) seiner Frau aufmerksam macht, selbst aber keine Rücksicht auf die Erschöpfung seiner Frau nimmt (Z. 80 ff.).

Seine Herkunft als uneheliches Kind aus armen Verhältnissen ist für ihn schambesetzt (Z. 154 ff.) – so sehr, dass er es mit Unreinheit verknüpft und sich z. B. weigert, von seiner Mutter zubereitetes Essen zu sich zu nehmen (Z. 218 ff.). Auch auf der Ebene der Großeltern zeigt sich eine Trennung in zwei Hälften: Der Vater bevorzugt seine Schwiegermutter, die aus besseren Verhältnissen stammt als seine eigene Mutter. So gibt es eine „eigentliche Großmutter" (Z. 175) und eine „andere Großmutter" (Z. 177 f.), womit sich diese Trennung auch sprachlich manifestiert.

Die gezwungene Grundstimmung ist auch ein wesentliches Charakteristikum der de Houwelandts. Sie zeigt sich beispielhaft in den gemeinsamen Mahlzeiten und dem damit verbundenen „Kloverbot", das einer Verschwendung von Nahrungsmitteln entgegenwirken soll. Auch eine Spaltung des Lebensgefühls lässt sich beobachten: Die Kinder und Enkel Jorges und Esthers können nur durch großen inneren und äußeren Abstand von Jorge zu einem eigenen Leben finden. Das Motiv der Scham über ein Elternteil findet sich bei Christian de Houwelandt, dem sein Vater Thomas peinlich ist. Im Unterschied zu „Das Muschelessen" wird diese Scham jedoch im Verlauf der Handlung bewältigt, sodass es zu einer Verbesserung des Vater-Sohn-Verhältnisses kommt.

4.4 Michel Houellebecq: Karte und Gebiet
(erschienen 2010) (Arbeitsblatt 25, S. 80 f.)

Inhalt:

In der Kunst wird der Irrsinn des Finanzkapitalismus plastisch: Am Ende des Romans verkauft Jed Martin, die Hauptfigur, sein letztes Bild für zwölf Millionen an einen indischen Handyunternehmer. Doch da widmet er sich längst nur noch Videogrammen, in denen von der Welt nichts als sich im Wind wiegende Gräser übrig bleiben.

Jed Martin hat zwar an der Pariser Kunstakademie studiert, sich aber von den narzisstischen Riten des Milieus ferngehalten. Auf einer Sammelausstellung präsentiert Jed ein Foto, das einem einsamen Impuls entsprungen ist: Er nimmt Ausschnitte aus dem Michelin-Straßenatlas und hebt das grafische Relief von Tälern und Gebirgen, Straßen und Flüssen durch technische Bearbeitungen hervor, unter dem Titel: „Die Karte ist interessanter als das Gebiet". Im weiteren Verlauf der Handlung begegnet Jed Martin dem Schriftsteller Michel Houellebecq, den er um einen werkbegleitenden Text bittet. Die Figuren Jed Martin und Michel Houellebecq treten in eine anspielungsreiche Beziehung, es ist eine Figuren-, eine Ich-Aufspaltung wie in der deutschen romantischen Tradition. „Michel Houellebecq" zeigt etliche Züge des öffentlichen Bildes dieses bekannten Schriftstellers, eine sich selbst inszenierende Kunstfigur, die sich effektvoll auf die Gesellschaft einlässt und ihre voyeuristischen Bedürfnisse bedient, bis hin zu einem blutigen Tod als Mordopfer. Jed Martin hingegen ist der „reine" Bruder, der romantische Gegenentwurf, der nicht von gesellschaftlichen Zwängen korrumpiert ist. Mit diesem Doppelmodell sichert Houellebecq den Versuch ab, in der Figur des Jed Martin die Möglichkeiten durchzuspielen, heute „authentisch" zu sein. Jeds Vater etwa ist wie ein Spiegel: ein Architekt, der ursprünglich ebenfalls künstlerische Ambitionen hatte und an der kruden bürgerlich-kapitalistischen Realität abgeprallt ist; letztlich entwarf er Feriensiedlungen. Der Vater, krebskrank, nimmt zum Schluss heimlich die Dienste des Sterbehilfeunternehmens Dignitas auf, und es wirkt wie ein unwillkürlicher Aufstand gegen die vorgegeben Maschinerie des Todes und des Lebens, als Jed davon erfährt und eine Dignitas-Angestellte niederschlägt.

Helmut Böttiger: Der reine Bruder, www.sueddeutsche.de vom 16.3.2011

Aufgaben zur Textbearbeitung:

- Charakterisieren Sie die Beziehung zwischen Vater und Sohn anhand konkreter Textbelege. Welche Unterschiede und/oder Gemeinsamkeiten zu „Houwelandt" sind festzustellen?

- Beschreiben Sie die Funktion des Erzählers. Welche Haltung nimmt er zu den Geschehnissen ein?

Lösungshinweise:

„[…] die zwischenmenschlichen Beziehungen sind letzten Endes ziemlich begrenzt" – diese Bemerkung des Erzählers bringt die Grundstimmung der weihnachtlichen Begegnung zwischen Jed Martin und seinem Vater Jean-Pierre auf den Punkt. Die Szene zeigt, wie entfremdet Vater und Sohn einander sind: Ohne Absprache mit seinem Sohn zieht der Vater in ein Altersheim (Z. 8 ff.); Jed lädt ihn in das Restaurant ein, obwohl sein Vater sich „nie für Gaumenfreuden interessiert" hat (Z. 32 f.); zwischen beiden herrscht „schon lange anhaltende[s] Schweigen" (Z. 52 f.), das nur durch Jeds „nervös[e] und fieberhaft[e]" (Z. 54) Suche nach einem Gesprächsthema phasenweise unterbrochen wird. Es geht um das Durchhalten (Z. 98) des Treffens, bei dem der Vater einen lethargischen und resignierten Eindruck auf Jed macht (Z. 151 und 164).

Der gewählte Zeitpunkt der Begegnung verstärkt den Aspekt der Entfremdung: Vorstellungen von Weihnachten als ‚klassischem' Familienfest kollidieren hier mit dem tatsächlichen Ablauf der Begegnung, die sich auf die ‚Reste' (Vater und Sohn) einer traditionellen Familie beschränkt. Gefeiert wird nicht in einem familiären Zuhause, sondern in einem Restaurant, in dem „unscheinbare Ober […] lautlos ihres Amtes wie in einem Zentrum für Brandopfer" walten (Z. 27 ff.). Auch Jeds Überlegung, ein Escort Girl als Begleitung zu engagieren (Z. 76 f.), um dem Abend einen anderen Verlauf zu geben, verstärkt den Eindruck von Distanz zwischen Vater und Sohn.

Anders als bei „Houwelandt" sind Distanz und Entfremdung aber nicht Resultate eines konfliktbehafteten familiären Miteinanders, sondern vielmehr Ausdruck einer resignativen und abgeklärten menschlichen Grundhaltung und Ergebnis eines „gesellschaftlichen Autismus"[1]. Die Begrenzungen zwischenmenschlicher Beziehungen, die in der Szene wie auch im gesamten Roman stets spürbar sind, lassen keinen Raum für menschliche Nähe, emotionale Bewegung und Entwicklungsprozesse. Wenn überhaupt, dann führt Entwicklung hinaus aus der menschlichen Gesellschaft, so wie dies bei Jed Martin am Ende des Romans der Fall ist. Lakonische, ernüchternde Erzählerkommentare tragen zur resignierten, distanzierten Grundstimmung der Szene bei, so z. B.: „Vermutlich geht es auf Mitgefühl zurück, wenn man alten Leuten eine stark entwickelte Esslust unterschiebt, weil man sich einreden möchte, dass ihnen wenigstens das noch bleibt, dabei sterben bei den meisten Menschen vorgerückten Alters auch die Gaumenfreuden unweigerlich ab wie alles andere. Stattdessen bleiben nur noch Verdauungsstörungen und Prostatakrebs." (Z. 153 ff.)

---

[1] Radisch, Iris: „Ich habe Lust, glücklich zu sein, bevor ich sterbe". In: Die Zeit Nr. 12, 17.03.2011 (http://www.zeit.de/2011/12/L-B-Houellebecq, Zugriff: 03.11.2011)

Theodor Fontane: Effi Briest (1895)

In Front des schon seit Kurfürst Georg Wilhelm von der Familie von Briest bewohnten Herrenhauses zu Hohen-Cremmen fiel heller Sonnenschein auf die mittagsstille Dorfstraße, während nach der Park- und Gartenseite hin ein rechtwinklig angebauter Seitenflügel einen breiten Schatten erst auf einen weiß und grün quadrierten Fliesengang und dann über diesen hinaus auf ein großes, in seiner Mitte mit einer Sonnenuhr und an seinem Rande mit Canna indica und Rhabarberstauden besetztes Rondell warf. Einige zwanzig Schritte weiter, in Richtung und Lage genau dem Seitenflügel entsprechend, lief eine, ganz in kleinblättrigem Efeu stehende, nur an einer Stelle von einer kleinen weißgestrichenen Eisentür unterbrochene Kirchhofsmauer, hinter der der Hohen-Cremmener Schindelturm mit seinem blitzenden, weil neuerdings erst wieder vergoldeten Wetterhahn aufragte. Fronthaus, Seitenflügel und Kirchhofsmauer bildeten ein einen kleinen Ziergarten umschließendes Hufeisen, an dessen offener Seite man eines Teiches mit Wassersteg und angeketteltem Boot und dicht daneben einer Schaukel gewahr wurde, deren horizontal gelegtes Brett zu Häupten und Füßen an je zwei Stricken hing – die Pfosten der Balkenlage schon etwas schief stehend. Zwischen Teich und Rondell aber und die Schaukel halb versteckend, standen ein paar mächtige alte Platanen.

Auch die Front des Herrenhauses – eine mit Aloekübeln und ein paar Gartenstühlen besetzte Rampe gewährte bei bewölktem Himmel einen angenehmen und zugleich allerlei Zerstreuung bietenden Aufenthalt; an Tagen aber, wo die Sonne niederbrannte, wurde die Gartenseite ganz entschieden bevorzugt, besonders von Frau und Tochter des Hauses, die denn auch heute wieder auf dem im vollen Schatten liegenden Fliesengange saßen, in ihrem Rücken ein paar offene, von wildem Wein umrankte Fenster, neben sich eine vorspringende kleine Treppe, deren vier Steinstufen vom Garten aus in das Hochparterre des Seitenflügels hinaufführten. Beide, Mutter und Tochter, waren fleißig bei der Arbeit, die der Herstellung eines aus Einzelquadraten zusammenzusetzenden Altarteppichs galt; ungezählte Wollsträhnen und Seidendocken lagen auf einem großen, runden Tisch bunt durcheinander, dazwischen, noch vom Lunch her, ein paar Dessertteller und eine mit großen, schönen Stachelbeeren gefüllte Majolikaschale. Rasch und sicher ging die Wollnadel der Damen hin und her, aber während die Mutter kein Auge von der Arbeit ließ, legte die Tochter, die den Rufnamen Effi führte, von Zeit zu Zeit die Nadel nieder und erhob sich, um unter allerlei kunstgerechten Beugungen und Streckungen den ganzen Kursus der Heil- und Zimmergymnastik durchzumachen. Es war ersichtlich, daß sie sich diesen absichtlich ein wenig ins Komische gezogenen Übungen mit ganz besonderer Liebe hingab, und wenn sie dann so dastand und, langsam die Arme hebend, die Handflächen hoch über dem Kopf zusammenlegte, so sah auch wohl die Mama von ihrer Handarbeit auf, aber immer nur flüchtig und verstohlen, weil sie nicht zeigen wollte, wie entzückend sie ihr eigenes Kind finde, zu welcher Regung mütterlichen Stolzes sie vollberechtigt war. Effi trug ein blau- und weißgestreiftes, halb kittelartiges Leinwandkleid, dem erst ein fest zusammengezogener, bronzefarbener Ledergürtel die Taille gab; der Hals war frei, und über Schulter und Nacken fiel ein breiter Matrosenkragen. In allem, was sie tat, paarte sich Übermut und Grazie, während ihre lachenden braunen Augen eine große, natürliche Klugheit und viel Lebenslust und Herzensgüte verrieten. Man nannte sie die »Kleine«, was sie sich nur gefallen lassen mußte, weil die schöne, schlanke Mama noch um eine Handbreit höher war.
[...]

Aus: Theodor Fontane: Effi Briest. Hrsg. von Johannes Diekhans, Paderborn: Schöningh Verlag 2005

■ *Beschreiben Sie die Situation, in der sich Mutter und Tochter hier befinden, und charakterisieren Sie die Beziehung der beiden mithilfe von Textzitaten.*

■ *Vergleichen Sie die Beschreibung der „Hundehütte" mit der des Briest'schen Hauses. Welche Rückschlüsse erlauben die Beschreibungen auf die jeweiligen Familien?*

Thomas Mann: Buddenbrooks (1901)

Erster Teil

„Was ist das. – Was – ist das …"

„Je, den Düvel ook, c'est la question, ma très chère demoiselle!"

Die Konsulin Buddenbrook, neben ihrer Schwiegermutter auf dem geradlinigen, weiß lackierten und mit einem goldenen Löwenkopf verzierten Sofa, dessen Polster hellgelb überzogen waren, warf einen Blick auf ihren Gatten, der in einem Armsessel bei ihr saß, und kam ihrer kleinen Tochter zuhilfe, die der Großvater am Fenster auf den Knieen hielt.

„Tony!" sagte sie, „ich glaube, daß mich Gott –"

Und die kleine Antonie, achtjährig und zartgebaut, in einem Kleidchen aus ganz leicht changierender Seide, den hübschen Blondkopf ein wenig vom Gesichte des Großvaters abgewandt, blickte aus ihren graublauen Augen angestrengt nachdenkend und ohne etwas zu sehen ins Zimmer hinein, wiederholte noch einmal: „Was ist das", sprach darauf langsam: „Ich glaube, daß mich Gott", fügte, während ihr Gesicht sich aufklärte, rasch hinzu: „– geschaffen hat samt allen Kreaturen", war plötzlich auf glatte Bahn geraten und schnurrte nun, glückstrahlend und unaufhaltsam, den ganzen Artikel daher, getreu nach dem Katechismus, wie er soeben, anno 1835, unter Genehmigung eines hohen und wohlweisen Senates, neu revidiert herausgegeben war. Wenn man im Gange war, dachte sie, war es ein Gefühl, wie wenn man im Winter auf dem kleinen Handschlitten mit den Brüdern den „Jerusalemsberg" hinunterfuhr: es vergingen einem geradezu die Gedanken dabei, und man konnte nicht einhalten, wenn man auch wollte.

„Dazu Kleider und Schuhe", sprach sie, „Essen und Trinken, Haus und Hof, Weib und Kind, Acker und Vieh …" Bei diesen Worten aber brach der alte Monsieur Johann Buddenbrook einfach in Gelächter aus, in sein helles, verkniffenes Kichern, das er heimlich in Bereitschaft gehalten hatte. Er lachte vor Vergnügen, sich über den Katechismus mokieren zu können, und hatte wahrscheinlich nur zu diesem Zwecke das kleine Examen vorgenommen. Er erkundigte sich nach Tony's Acker und Vieh, fragte, wieviel sie für den Sack Weizen nähme, und erbot sich, Geschäfte mit ihr zu machen. Sein rundes, rosig überhauchtes und wohlmeinendes Gesicht, dem er beim besten Willen keinen Ausdruck von Bosheit zu geben vermochte, wurde von schneeweiß gepudertem Haar eingerahmt, und etwas wie ein ganz leise angedeutetes Zöpflein fiel auf den breiten Kragen seines mausgrauen Rockes hinab. Er war, mit seinen siebenzig Jahren, der Mode seiner Jugend nicht untreu geworden; nur auf den Tressenbesatz zwischen den Knöpfen und den großen Taschen hatte er verzichtet, aber niemals im Leben hatte er lange Beinkleider getragen. Sein Kinn ruhte breit, doppelt und mit einem Ausdruck von Behaglichkeit auf dem weißen Spitzen-Jabot.

Alle hatten in sein Lachen eingestimmt, hauptsächlich aus Ehrerbietung gegen das Familienoberhaupt. Madame Antoinette Buddenbrook, geborene Duchamps, kicherte in genau derselben Weise wie ihr Gatte. Sie war eine korpulente Dame mit dicken weißen Locken über den Ohren, einem schwarz und hellgrau gestreiften Kleide ohne Schmuck, das Einfachheit und Bescheidenheit verriet, und mit noch immer schönen und weißen Händen, in denen sie einen kleinen, sammetnen Pompadour auf dem Schoße hielt. Ihre Gesichtszüge waren im Laufe der Jahre auf wunderliche Weise denjenigen ihres Gatten ähnlich geworden. Nur der Schnitt und die lebhafte Dunkelheit ihrer Augen redeten ein wenig von ihrer halb romanischen Herkunft; sie stammte großväterlicherseits aus einer französisch-schweizerischen Familie und war eine geborene Hamburgerin.

Ihre Schwiegertochter, die Konsulin Elisabeth Buddenbrook, eine geborene Kröger, lachte das Krögersche Lachen, das mit einem pruschenden Lippenlaut begann, und bei dem sie das Kinn auf die Brust drückte. Sie war, wie alle Krögers, eine äußerst elegante Erscheinung, und war sie auch keine Schönheit zu nennen, so gab sie doch mir ihrer hellen und besonnenen Stimme, ihren ruhigen, sicheren und sanften Bewegungen aller Welt ein Gefühl von Klarheit und Vertrauen. Ihrem rötlichen Haar, das auf der Höhe des Kopfes zu einer kleinen Krone gewunden und in breiten künstlichen Locken über die Ohren frisiert war, entsprach ein außerordentlich zartweißer Teint mit vereinzelten kleinen Sommersprossen. Das Charakteristische an ihrem Gesicht mit der etwas zu langen Nase und dem kleinen Munde war, daß zwischen Unterlippe und Kinn sich durchaus keine Vertiefung befand. Ihr kurzes Mieder mit hochgepufften Ärmeln, an das sich ein enger Rock aus duftiger, hellgeblümter Seide schloß, ließ einen Hals von vollendeter Schönheit frei, geschmückt mit einem Atlasband, an dem eine Komposition von großen Brillanten flimmerte.

Der Konsul beugte sich mit einer etwas nervösen Bewegung im Sessel vornüber. Er trug einen zimmetfarbenen Rock mit breiten Aufschlägen und keulenförmigen Ärmeln, die sich erst unterhalb des Gelenkes eng um die Hand schlossen. Seine anschließenden Beinkleider bestanden aus einem weißen, waschbaren Stoff und waren an den Außenseiten mit schwarzen Streifen versehen. Um die steifen Vatermörder, in die sich sein Kinn schmiegte, war die seidene Krawatte geschlungen, die dick und breit den ganzen Ausschnitt der buntfarbigen Weste ausfüllte … Er hatte die ein wenig tiefliegenden, blauen und aufmerksamen Augen seines Vaters, wenn ihr Ausdruck auch vielleicht träumerischer war; aber seine Gesichtszüge waren ernster und schärfer, seine Nase sprang stark und gebogen hervor, und die Wangen, bis zu deren Mitte blonde, lockige Bartstreifen liefen, waren viel weniger voll als die des Alten.

Madame Buddenbrook wandte sich an ihre Schwiegertochter, drückte mit einer Hand ihren Arm, sah ihr kichernd in den Schoß und sagte:

„Immer der nämliche, mon vieux, Bethsy …?" „Immer" sprach sie wie „Ümmer" aus.

Die Konsulin drohte nur schweigend mir ihrer zarten Hand, so daß ihr goldenes Armband leise klirrte; und dann vollführte sie eine ihr eigentümliche Handbewegung vom Mundwinkel zur Frisur hinauf, als ob sie ein loses Haar zurückstreicht, das sich dorthin verirrt hatte.

Der Konsul aber sagte mit einem Gemisch von entgegenkommendem Lächeln und Vorwurf in der Stimme:

„Aber Vater, Sie belustigen sich wieder einmal über das Heiligste!" …

Man saß im „Landschaftszimmer", im ersten Stockwerk des weitläufigen alten Hauses in der Mengstraße, das die Firma Johann Buddenbrook vor einiger Zeit käuflich erworben hatte und das die Familie noch nicht lange bewohnte. Die starken und elastischen Tapeten, die von den Mauern durch einen leeren Raum getrennt waren, zeigten umfangreiche Landschaften, zartfarbig wie der dünne Teppich, der den Fußboden bedeckte, Idylle im Geschmack des achtzehnten Jahrhunderts, mit fröhlichen Winzern, emsigen Ackersleuten, nett bebänderten Schäferinnen, die reinliche Lämmer am Rande spiegelnden Wassers im Schoße hielten oder sich mit zärtlichen Schäfern küßten … Ein gelblicher Sonnenuntergang herrschte meistens auf diesen Bildern, mit dem der gelbe Überzug der weiß lackierten Möbel und die gelbseidenen Gardinen vor den beiden Fenstern übereinstimmten.

Im Verhältnis zu der Größe des Zimmers waren die Möbel nicht zahlreich. Der runde Tisch mit den dünnen, geraden und leicht mit Gold ornamentierten Beinen stand nicht vor dem Sofa, sondern an der entgegengesetzten Wand, dem kleinen Harmonium gegenüber, auf dessen Deckel ein Flötenbehälter lag. Außer den regelmäßig an den Wänden verteilten, steifen Armstühlen gab es nur noch einen kleinen Nähtisch am Fenster und, dem Sofa gegenüber, einen zerbrechlichen Luxus-Sekretär, bedeckt mir Nippes.

Durch eine Glastür, den Fenstern gegenüber, blickte man in das Halbdunkel einer Säulenhalle hinaus, während sich linker Hand vom Eintretenden die hohe, weiße Flügeltür zum Speisesaale befand. An der anderen Wand aber knisterte, in einer halb kreisförmigen Nische und hinter einer kunstvoll durchbrochenen Tür aus blankem Schmiedeeisen, der Ofen.

Denn es war frühzeitig kalt geworden. Draußen, jenseits der Straße, war schon jetzt, um die Mitte des Oktobers, das Laub der kleinen Linden vergilbt, die den Marienkirchhof umstanden, um die mächtigen gotischen Ecken und Winkel der Kirche pfiff der Wind, und ein feiner, kalter Regen ging hernieder. Madame Buddenbrook, der Älteren, zuliebe, hatte man die doppelten Fenster schon eingesetzt.

Es war Donnerstag, der Tag, an dem ordnungsmäßig jede zweite Woche die Familie zusammenkam; heute aber hatte man, außer den in der Stadt ansässigen Familienmitgliedern, auch ein paar gute Hausfreunde auf ein ganz einfaches Mittagbrot gebeten, und man saß nun, gegen vier Uhr nachmittags, in der sinkenden Dämmerung und erwartete die Gäste … […]

Thomas Mann, Buddenbrooks. © S. Fischer Verlag, Berlin 1901. Alle Rechte vorbehalten S. Fischer Verlag GmbH, Frankfurt am Main

- *Listen Sie die Personen auf, die in dieser Szene vorkommen, und charakterisieren Sie sie anhand ausgewählter Textzitate.*
- *Welche Rückschlüsse lässt die Gestaltung dieser Szene auf die Familienverhältnisse zu?*
- *Gibt es eine ähnliche Szene in „Houwelandt"? Wenn ja, welche? Wenn nein, warum wohl nicht?*

Birgit Vanderbeke: Das Muschelessen (1990)

Die Pommes frites sind fertig geschnitten gewesen, und meine Mutter hat gesagt, so, jetzt könnte er eigentlich kommen. Wir sind schon spät dran gewesen mit dem Abendbrot, bei uns wurde immer um sechs gegessen, weil mein Vater um halb sechs nach Hause kam vom Büro, und dann hat er erstmal die Zeitung gelesen und in Ruhe sein Bier getrunken, während die Mutter das Abendbrot fertig machte, und Punkt sechs, wie gesagt, wurde bei uns gegessen, außer wenn er auf Dienstreise war, dann kippte der ganze Tagesplan um, und alles war anders als sonst; es gab Kakao und Käsebrötchen, wir aßen, wann immer wir wollten, manchmal im Stehen in der Küche und aus der Hand. Ich glaube nicht, daß wir je mit Messer und Gabel gegessen haben, während mein Vater auf einer Dienstreise war. Wir sind richtig verwildert, während du weg warst, hat meine Mutter gesagt, wenn unser Vater gefragt hat, na, was habt ihr gemacht ohne mich. Es ist ganz schön, auch einmal zu verwildern, hat die Mutter immer ein bißchen wehmütig gesagt, weil es ihr nämlich genauso Spaß gemacht hat wie uns, und außerdem ist es viel weniger Arbeit für sie gewesen, wenn wir allein mit ihr waren, wir haben uns selten gestritten, und das Verwildern hat mir auch besser gefallen, aber mein Vater hat davon nichts wissen wollen, und da hat sie sich auf ihn eingestellt. Wie es jetzt gegen sieben gegangen ist, war sie jedenfalls umgestellt. Wir haben alle damit gerechnet, daß er hereinkommt und sagt, na, wie bin ich, weil er so gut wie befördert wäre, und wir hätten gesagt, großartig, was wir für einen klugen, erfolgreichen Vater haben, und meine Mutter hätte sich auch sehr gefreut, und dann hätten wir den Erfolg gefeiert und uns von der Dienstreise alles angehört, dabei hätten wir das Verwilderte ganz vergessen, nur war es jetzt sieben, und er ist noch nicht gekommen. Die Umstellerei auf unseren Vater ist etwas albern geworden und sinnlos, mein Bruder hat auch gesagt, wir sitzen hier rum wie bestellt und nicht abgeholt, aber meine Mutter ist rasch im Bad verschwunden und hat sich vorsichtshalber gekämmt und die Lippen mit Lippenstift nachgezogen, was sie vor einer Stunde schon mal gemacht hatte, und mit ihrem Feierabendgesicht ist sie herumgegangen und hat gesagt, er wird schon bald kommen. Meine Mutter hat sich oft an einem Tag gleich mehrmals umgestellt, und zu jeder Umstellung hat ein neues Gesicht gehört. In der Schule hat sie das seriöse Gesicht gehabt und ist streng gewesen, was sie zu Hause höchstens versucht hat, es hat aber nie geklappt. Die Schüler aber hatten alle Angst vor ihr, wir überhaupt nicht, aber die Schüler, ihr Schulgesicht war wirklich furchteinflößend, einmal haben wir bei ihr im Unterricht hinten gesessen und zugehört, mein Bruder und ich, wir hätten uns totlachen können und haben überhaupt nicht geglaubt, daß das unsere Mutter ist, so streng hat sie ausgesehen. Respekt ist eine Voraussetzung, hat sie gesagt, mein Vater hat auch gesagt, daß Respekt eine Voraussetzung ist, eine notwendige, sonst lernt man nichts, wir sind aber nie auf den Gedanken gekommen, vor unserer Mutter Respekt zu haben. Zu Hause hat sie das abgespannte, erschöpfte Gesicht gehabt, das Haushaltsgesicht, wenn sie mittags aus der Schule kam, hat sie gesagt, ich bin heute abgespannt, ich habe nach sechs Stunden Schule nicht mehr viel Kraft. Mein Vater hat oft gesagt, wie behandelt ihr eure Mutter, habt gefälligst Respekt vor ihr, mein Vater hat vergeblich versucht, uns den Respekt vor der Mutter einzuflößen, den sie sich nicht verschaffen konnte bei uns, er hat gesagt, seht ihr denn nicht, wie sie sich für euch abrackert, sie schuftet den ganzen Tag; wir haben das Schuften und Rackern natürlich gesehen, wie sie die schweren Tüten und Taschen geschleppt hat; auch abends, wenn mein Vater nach Hause kam, hat sie noch ziemlich geschuftet und gerackert, und wenn kein Bier da war, ist sie schnell gelaufen, auch für die Zigaretten, alles, was mein Vater vergessen hat, auf dem Heimweg sich mitzubringen, das hat sie am Abend noch schnell geholt, mein Vater hat viel geraucht, und da hat meine Mutter oft laufen müssen, aber er hat das abgespannte Gesicht nicht sehen können von meiner Mutter, und da hat sie sich also umgestellt, das war dann ihr Feierabendgesicht, was sie sich abends im Bad um halb sechs schnell angemalt hat, bevor mein Vater nach Hause kam, dieses Feierabendgesicht hat aber nur eine Stunde etwa gehalten und mußte dann nachgezogen werden, und jetzt ist sie damit herumgelaufen und hat gesagt, er wird schon gleich kommen, und ich habe gedacht, ich mag es nicht, daß sie sich immer umstellt. Wenn mein Vater auf Dienstreise war, habe ich eher Respekt vor der Mutter gehabt, sie hat dann zwar auch versucht, etwas streng zu sein, aber im Grunde haben wir uns gut vertragen ohne die ganze Umstellerei; und vor allem hat sie nicht abends all unsre Sünden verpetzen können, da haben wir schon eher Respekt gehabt, sie hat auch manchmal selbst gesagt, Kinder, ist das nicht schön, nur wir drei, weil das Umstellen für sie wahrscheinlich das Anstrengendste war; wenn ich aber gesagt habe, warum machst du das eigentlich, das ewige Um- und Einstellen, hat sie geantwortet, so ist das in einer Ehe und im Beruf, das wirst du auch noch erleben. Ich bin ziemlich sicher, daß ich mich nicht umstellen werde, habe ich gesagt, aber sie hat darauf nur gelacht, du findest sowieso keinen Mann, sie hat im Ernst Angst gehabt, ob irgend jemand mich überhaupt nimmt bei meiner Unliebenswürdigkeit und dieser uncharmant störrischen Art, die ich von klein auf an mir gehabt habe. Ich bin mir aber nie sicher gewesen, ob es das Allererstrebenswerteste auf der Welt sei, mich abends um halb sechs jeden Tag umstellen zu müssen, mir hat es besser gefallen, wenn mein Vater auf einer Dienstreise war, das Umstellen ist mir unangenehm gewesen und peinlich, ihres und unseres auch, es mußten sich ja alle umstellen, wenn mein Vater nach Hause kam, damit das Ganze eine richtige Familie war, wie mein Vater das nannte, weil er keine Familie gehabt hat, dafür hat er die genauesten Vorstellungen davon entwickelt, was eine richtige Familie ist, und er hat ausgesprochen empfindlich werden können, wenn man dagegen verstieß. [...]

Auch daß meine Mutter gesagt hat, er hat es auch schwer gehabt, euer Vater, hat uns nicht umstimmen können, wir haben zu unserer Mutter gesagt, jetzt kipp uns nicht um, eben bist du noch mutig gewesen, wir haben natürlich gewußt, daß mein Vater aus armen Verhältnissen kam und sich nach oben empor hat kämpfen müssen, was er allein kraft seiner großen Begabung und Intelligenz geschafft hat, das mache ihm so leicht keiner nach, hat meine Mutter gesagt, die es leichter gehabt hat, weil sie nicht von ganz unten gekommen ist und also nicht nach oben gemußt hat, sie hat nach dem Tod ihres Vaters immerhin ein Haus gehabt, sehr verschuldet zwar, und sie hat die Hypotheken bezahlen müssen und ihren Brüdern das Studium, es sind beide Brüder von meiner Mutter Musiker geworden, wie sie es sich gewünscht hatten und meine Mutter es sich auch gewünscht hatte, aber meine Mutter ist ja dann doch schnell Lehrerin geworden, während mein Vater Naturwissenschaftler hat werden wollen und Mathematik studieren, wo er von ganz unten gekommen ist und unehelich gewesen ist in dem Dorf, und seine Mutter hat Körbe geflochten und Sachen für andere Leute gestrickt, meine Großmutter ist eine sehr arme Frau gewesen, und mein Vater hat sich immer für seine Mutter schämen müssen, weil sie ihm nur so wenig hat geben können, er hat auch nirgendswo mit ihr hingekonnt, man kann sich mit dir nirgends sehen lassen, hat mein Vater noch später gesagt, als er schon beinah befördert war, er hat es nicht leicht gehabt mit seiner Mutter, weil es immer so duster und schmuddelig war, wo sie wohnte, sie hat nur ein einziges Zimmer gehabt und die Küche, es hat wie bei armen Leuten darin gerochen, weil es bei armen Leuten war, und mein Vater hat immer mit seiner Mutter geschimpft deswegen, er ist später, wenn er im Dorf war, lieber im Dorfgasthaus abgestiegen, obwohl es kein fließendes Wasser dort gab, als bei seiner Mutter zu wohnen, wir haben es immer so gemacht, wenn wir später ins Dorf gefahren sind, daß meine Mutter und ich bei der Mutter von meiner Mutter gewohnt haben, und mein Vater und mein Bruder sind im Dorfhotel abgestiegen, statt bei der Mutter von meinem Vater, die bei uns immer die andere Großmutter hieß, weil sie arm war, während die eigentliche Großmutter nicht arm war, sondern das Haus hatte, und jeder im Dorf hat sie gekannt und gegrüßt, während kaum jemand die andere Großmutter gekannt und gegrüßt hat, die auch eine Fremde geblieben ist, eine Ausländerin, seit sie nach Deutschland gekommen war. Meine andere Großmutter hat auch andere Großmutter geheißen, weil sie auf Familienfotos immer abseits und am Rand gestanden hat, und zwischen ihr und dem Rest der Familie ist immer noch etwas Platz. Meine Mutter hat uns daran erinnert, daß es für meinen Vater nicht leicht gewesen ist, seine Mutter und seine Herkunft sind für ihn die schwerste Hypothek gewesen, gegen diese Hypothek war die Hypothek, die beim Tod meines Großvaters auf Großmutters Haus gelegen hat, eine Kleinigkeit, mein Vater hat getan, was er konnte, um seine Herkunft nicht merken zu lassen, aber es ist nicht leicht gewesen, denn meine andere Großmutter ist auf ihren glänzenden Sohn sehr stolz gewesen und hat sich an ihn zu klammern versucht, wo sie konnte. Wenn ich sie besucht habe, hat sie geweint und gesagt, wie stolz sie ist, daß mein Vater von unten nach oben gekommen ist. Ich habe an meiner anderen Großmutter sehr gehangen, und mein Vater hat an seiner Mutter auch sehr gehangen, es hat ihm das Herz zerrissen, wie sie ärmlich in diesem Dorf gelebt und keiner sie gekannt und gegrüßt hat, nur die einfachen Leute; die andere Großmutter ist eine einfache Frau, hat meine Mutter uns manchmal gesagt, und weil sie eine einfache Frau war, hat sie immer Briefe bekommen wollen; meine Mutter hat an ihre Mutter einmal die Woche geschrieben, immer sonntags abends hat sie an ihre Mutter geschrieben, während mein Vater an seine Mutter nicht schreiben konnte, weil er sich nicht auch noch darum hat kümmern können, er hat nicht die Zeit und die Kraft gehabt, sich um alles zu kümmern, und er hat es nicht leiden können, wenn man sich an ihn klammert. Es ist schwer genug, aus kleinen Verhältnissen heraus und hoch zu kommen, man muß sich aus diesen Verhältnissen lostreten mit Gewalt, man kann seine Herkunft nicht an sich klammern und kleben lassen, es hat meinen Vater geschüttelt, wenn er daran gedacht hat, er hat auch bei seiner Mutter nicht essen können, weil es nicht sauber und appetitlich war, so ungepflegt, hat mein Vater gesagt, aber einmal hat er nicht anders können, weil seine Mutter zu meiner Mutter gesagt hat, nie eßt ihr bei mir, immer nur eßt ihr dort, womit sie die andere Großmutter gemeint hat, bei der wir immer gegessen haben, wenn wir im Dorf gewesen sind, weil mein Vater es dort appetitlich fand und gepflegt, aber es hat seine Mutter gekränkt, daß wir niemals bei ihr gegessen haben, sie hat zu meiner Mutter gesagt, er tut gerade, als schämte er sich, meine Mutter hat das verstanden, wie sie immer alles verstanden hat, und mein Vater hat schließlich eingewilligt, bei seiner Mutter zu essen, wenn sie sich eine Köchin nähme. Keinesfalls würde er bei ihr essen, wenn seine Mutter selber kochte, hat er gesagt, und sie hat auch tatsächlich nicht nur das Essen, sondern die Köchin bezahlt, damit wir einmal bei ihr gegessen hätten, was ihr eine große Freude gewesen ist, sie ist vor lauter übergroßer Freude so aufgeregt und nervös gewesen, daß sie wieder die Hände nicht still halten konnte, und mein Vater hat es nicht aushalten können, wenn seine Mutter die Hände nicht stillhielt. Halt die Hand still, hat er gesagt, aber sie war zu aufgeregt über unsern Besuch, und kaum hat sie fünf Minuten die Hände still gehalten, hat sie sie auch schon wieder nicht stillhalten können, weil sie ihr Leben lang mit ihren Händen immer sehr schnell hat arbeiten müssen, die schnellen Arbeitsbewegungen, die sie mit ihren Händen hat machen müssen, hatten sich in ihren Händen selbstständig gemacht, kaum hielten sie fünf Minuten still, fingen die Hände von selbst wieder an, diese Arbeitsbewegungen zu machen, und meinem Vater ist irgendwann die Geduld gerissen; und so ist die Köchin, die meine andere Großmutter engagiert hatte, wieder nur eine notwendige Bedingung gewesen, nicht aber eine hinreichende, um diese Stimmung nicht zu verderben; bei dir kann man wirklich nicht essen, hat mein Vater gesagt und ist unwirsch gewesen, weil er sich wieder hat schämen müssen für seine Mutter, die das Niedere an sich gehabt und nicht hat ablegen können, sooft er es ihr auch erklärt hat, daß sie die Hände still halten soll, statt so damit zu zucken, […]

Birgit Vanderbeke: Auszug aus „Das Muschelessen" © Rotbuch Verlag 1990

■ *Beschreiben Sie mit eigenen Worten, welche familiäre Grundstimmung hier vermittelt wird und woran sich dies im Text zeigt.*

■ *Wo sehen Sie Unterschiede und/oder Gemeinsamkeiten zu „Houwelandt"?*

Michel Houellebecq: Karte und Gebiet (2010)

Jean-Pierre Martin selbst hatte – zur Überraschung seines Sohnes und obwohl dieser schon lange darauf ⁵verzichtete, das Thema anzuschneiden – beschlossen, die Villa in Le Raincy zu verlassen, um in ein Altersheim mit Pflegestation in ¹⁰Boulogne zu ziehen. Ihr alljährliches Abendessen würde diesmal in einer Brasserie namens *Chez Papa* an der Avenue Bosquet stattfinden. Jed hatte das Restaurant aufgrund einer Anzeige im Citymagazin *Pa-* ¹⁵*riscope* ausgewählt, die eine traditionelle Küche *wie zu Großmutters Zeiten* versprach, und dieses Versprechen war im Großen und Ganzen eingehalten worden. Weihnachtsmänner und mit Girlanden geschmückte Christbäume waren hier und dort im halbleeren Saal ²⁰aufgestellt, der im Wesentlichen von kleinen Gruppen alter oder sogar sehr alter Leute besetzt war, die eifrig, gewissenhaft, ja fast grimmig auf den verschiedenen Gerichten traditioneller Küche herumkauten. Es gab Wildschwein, Spanferkel oder Truthahn und ²⁵zum Nachtisch natürlich die zu Weihnachten übliche mit Creme gefüllte Biskuitrolle wie zu Großmutters Zeiten. Höfliche, unscheinbare Ober walteten lautlos ihres Amtes wie in einem Zentrum für Brandopfer. Jeds Idee, seinen Vater in ein solches Res- ³⁰taurant einzuladen, hatte etwas Kindisches, das war ihm völlig klar. Der hagere, ernste Mann mit dem schmalen strengen Gesicht schien sich nie für Gaumenfreuden interessiert zu haben, und die wenigen Male, an denen Jed mit ihn in der Stadt gegessen hat- ³⁵te, um ihn in der Nähe seines Arbeitsplatzes zu treffen, hatte sein Vater ein Sushi-Restaurant gewählt – und zwar immer dasselbe. Es war geradezu pathetisch und ziemlich aussichtslos, eine gastronomische Geselligkeit schaffen zu wollen, für die es keine Grund- ⁴⁰lage gab und vermutlich nie gegeben hatte – als seine Frau noch am Leben gewesen war, hatte sie es immer gehasst zu kochen. Aber es war eben Weihnachten, und was hätte Jed sonst für ihn tun können? Seinem Vater war es völlig gleichgültig, wie er gekleidet war, ⁴⁵er las immer weniger und schien sich kaum noch für irgendetwas zu interessieren. Er war, den Worten der Leiterin des Altersheims zufolge, „relativ gut integriert", was vermutlich hieß, dass er mit so gut wie niemandem sprach. Im Moment kaute er mühselig ⁵⁰auf seinem Spanferkel herum, mit einem Gesichtsausdruck, als handele es sich um ein Stück Gummi. Nichts deutete darauf hin, dass er das schon lange anhaltende Schweigen brechen wollte, und Jed suchte nervös und fieberhaft – er hätte keinen Gewürztraminer zu den Austern trinken sollen, das war ⁵⁵ihm schon in dem Augenblick bewusst geworden, als er die Bestellung aufgegeben hatte, denn wenn er Weißwein trank, konnte er keinen klaren Gedanken mehr fassen – nach etwas, das einem Gesprächsthema ähnelte. Wenn er verheiratet gewesen wäre, wenn ⁶⁰es wenigstens eine Freundin oder auch nur *irgendeine Frau* in seinem Leben gegeben hätte, wäre die Sache ganz anders verlaufen – Frauen gehen bei solchen Familiengeschichten eben viel geschickter vor als Männer, das ist ihnen gewissermaßen in die Wiege gelegt, ⁶⁵und selbst wenn keine Kinder anwesend sind, geben diese immer einen potentiellen Gesprächsstoff ab, und alte Leute interessieren sich bekanntermaßen für ihre Enkelkinder, sie verbinden das mit den Zyklen der Natur oder so, auf jeden Fall entsteht dabei so et- ⁷⁰was wie Rührung in ihrem alten Kopf, der Sohn ist zwar der Tod des Vaters, das steht fest, aber für einen Großvater ist der Enkel eine Art Wiedergeburt oder Revanche, und zumindest für die Dauer eines Weihnachtsessens kann so etwas durchaus genügen. Jed ⁷⁵sagte sich manchmal, er solle für diese Weihnachtsabende ein Escort Girl engagieren und eine kleine Geschichte erfinden; dazu hätte er das Mädchen nur zwei Stunden vorher kurz über die Situation informieren müssen, sein Vater war nicht sehr neugierig, ⁸⁰was Einzelheiten aus dem Leben anderer Leute betraf, eben nicht neugieriger, als Männer es im Allgemeinen sind.

In den romanischen Ländern kann Politik als Gesprächsthema für Männer mittleren oder vorge- ⁸⁵rückten Alters ausreichen, in den unteren Schichten kann Sport eine weitere Möglichkeit bieten. Bei Leuten, die stark von angelsächsischen Werten beeinflusst sind, wird die Rolle der Politik eher durch Themen aus Wirtschaft und Finanz eingenommen, auch ⁹⁰Literatur kann als Zusatzthema dienen. Doch was Jed und seinen Vater betraf, so interessierten sie sich weder für Wirtschaft noch für Politik, Jean-Pierre Martin war im Großen und Ganzen mit der Art einverstanden, wie das Land regiert wurde, und sein ⁹⁵Sohn hatte dazu keine Meinung. Alles in allem erlaubte ihnen das aber immerhin, bis zur Käseplatte durchzuhalten, indem sie sich ein Ministerium nach dem anderen vornahmen.

Als die Käseplatte auf einem Rollwagen herbeige- ¹⁰⁰schoben wurde, kam etwas Leben in Jeds Vater, und er fragte seinen Sohn nach dessen künstlerischen Plänen. Leider würde Jed diesmal die Stimmung etwas trüben müssen, denn sein letztes Gemälde *Da-*

mien Hirst und Jeff Koons teilen den Kunstmarkt unter sich auf gefiel ihm überhaupt nicht mehr, er kam nicht voran, seit ein oder zwei Jahren war er von einer Kraft beseelt gewesen, die inzwischen nachließ und allmählich versiegte, aber warum sollte er all das seinem Vater sagen, der konnte nichts dafür, niemand konnte im Übrigen etwas dafür, die Leute konnten angesichts eines solchen Eingeständnisses höchstens ein leichtes Bedauern ausdrücken, denn die zwischenmenschlichen Beziehungen sind letzten Endes ziemlich begrenzt.

„Ich bereite fürs Frühjahr eine persönliche Ausstellung vor", verkündete er schließlich. „Aber die Sache geht nicht so recht voran. Franz, mein Galerist, möchte gern einen Schriftsteller haben, der das Vorwort zu dem Katalog schreibt. Er hat an Houellebecq gedacht."

„Michel Houellebecq?"

„Du kennst ihn?", fragte Jed überrascht. Er hätte nie vermutet, dass sein Vater sich noch in irgendeiner Form für die gegenwärtige Kulturproduktion interessieren könnte.

„Im Altersheim haben wir eine kleine Bibliothek, ich habe zwei Romane von ihm gelesen. Das ist ein guter Autor, wie mir scheint. Liest sich sehr angenehm, und er zeichnet ein ziemlich zutreffendes Bild unserer Gesellschaft. Hat er dir schon geantwortet?"

„Nein, noch nicht ..." Jed dachte jetzt blitzschnell nach. Wenn selbst jemand, der zutiefst in einer verzweifelten, ja geradezu tödlichen Routine erstarrt war, jemand, der sich zutiefst in die Schattenseiten des Lebens verkrochen und den düsteren Weg zum Tod schon betreten hatte wie sein Vater, wenn also so jemand einen Autor wie Houellebecq zur Kenntnis genommen hatte, dann musste wohl wirklich etwas an ihm dran sein. Da wurde Jed plötzlich bewusst, dass er es versäumt hatte, Houellebecq per E-Mail an seine Anfrage zu erinnern, worum Franz ihn schon mehrmals gebeten hatte. Und dabei war die Sache sehr eilig. Aufgrund der Daten von *Art Basel* und *Frieze Art Fair* musste die Ausstellung im April oder spätestens im Mai stattfinden, und man konnte Houellebecq schlecht bitten, ein Vorwort für den Katalog in vierzehn Tagen herunterzuschreiben, er war immerhin ein berühmter, Franz zufolge sogar weltberühmter Autor.

Sein Vater war wieder in seine Lethargie verfallen, er kaute mit ebenso wenig Begeisterung auf seinem Saint-Nectaire herum wie auf dem Spanferkel. Vermutlich geht es auf Mitgefühl zurück, wenn man alten Leuten eine stark entwickelte Esslust unterschiebt, weil man sich einreden möchte, dass ihnen wenigstens das noch bleibt, dabei sterben bei den meisten Menschen vorgerückten Alters auch die Gaumenfreuden unweigerlich ab wie alles andere. Stattdessen bleiben nur noch Verdauungsstörungen und Prostatakrebs.

[...]

Damit alles einen guten Abschluss fand, wurde nun der Nachtisch serviert. Resigniert machte sich Jeds Vater über die traditionelle Biskuitrolle her. Jetzt würde die Sache nicht mehr lange dauern. Die Zeit verging auf seltsame Weise zwischen ihnen: Obwohl sie kein Wort wechselten und das an ihrem Tisch nun schon lange andauernde Schweigen eigentlich schwer auf ihnen hätte lasten müssen, schienen die Sekunden und sogar die Minuten mit rasender Geschwindigkeit zu verrinnen. Ohne dass ihm irgendein Gedanke durch den Kopf gegangen wäre, begleitete Jed seinen Vater eine halbe Stunde später zum Taxistand.

Es war erst zehn Uhr abends, doch Jed wusste, dass die anderen Bewohner des Altersheims seinen Vater beneiden würden, weil er zu Weihnachten mehrere Stunden lang mit jemandem zusammen war. „Ihr Sohn ist ein guter Junge", hatte man schon mehrfach zu ihm gesagt. Nach dem Einzug in ein Altersheim mit Pflegestation befindet sich der ehemalige Senior – der nur unwiderruflich zum *Greis* geworden ist – ein bisschen in der Rolle eines Internatsschülers. Manchmal bekommt er Besuch: Das ist dann ein Moment des Glücks, er kann die Welt erkunden, Schokokekse von Bahlsen essen und den Clown Ronald McDonald treffen. Aber die meiste Zeit bekommt er keinen Besuch: Dann irrt er traurig zwischen den Handballpfosten über das geteerte Gelände des leeren Internats. Er wartet auf die Befreiung, darauf, flügge zu werden.

Michel Houellebecq: Karte und Gebiet (Auszug). Köln: DuMont 2010, S. 17–22
(mit Kürzungen) Copyright © 2012, MVB

- *Charakterisieren Sie die Beziehung zwischen Vater und Sohn anhand konkreter Textbelege. Welche Unterschiede und/oder Gemeinsamkeiten zu „Houwelandt" sind festzustellen?*

- *Beschreiben Sie die Funktion des Erzählers. Welche Haltung nimmt er zu den Geschehnissen ein?*

Baustein 5

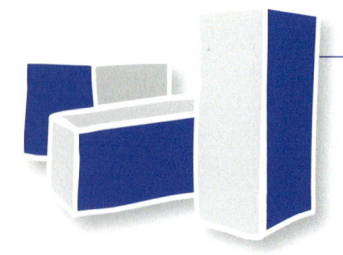

Literatur und Literaturbetrieb

Thema dieses Bausteins sind die Bedingungen literarischen Schaffens vom Schreibvorgang über die verschiedenen Stadien der Veröffentlichung bis hin zur literarischen Rezension. Die Schülerinnen und Schüler erhalten dabei nicht nur Einblicke in die Entstehung von Texten, sondern auch in die beteiligten Institutionen des Literaturmarktes und deren Einfluss auf die Auswahl und Veröffentlichung von Texten.

Eine sinnvolle wie sehenswerte filmische Ergänzung zu den hier vorgestellten Unterrichtsentwürfen und Materialien ist die Dokumentation „Houwelandt – Ein Roman entsteht" von Jörg Adolph (Deutschland 2005, 107 Minuten, eine Produktion von ZDF/3sat/Caligari Film München), die von Düffel während der verschiedenen Entstehungsphasen des Romans begleitet. Ein Text dazu findet sich im **Zusatzmaterial 1**, S. 100.

5.1 John von Düffel als Autor

„Ich schwimme, also schreibe ich" – so lautet der Titel einer Reflexion John von Düffels über sein eigenes Schreiben (**Arbeitsblatt 26**, S. 88 f.).[1] Er gibt damit Antwort auf die – von ihm, wie er sagt, am meisten gefürchtete – Frage „Wie schreiben Sie?", die ihm vor allem im Gespräch mit seinen Lesern häufig gestellt wird. Auch in Forschungstexten und Kritiken ist von Düffel inzwischen als „amphibischer Autor" bekannt, mit welchem Bedeutungshorizont haben jüngst verschiedene Beiträge des 2010 erschienenen Sammelbands „Familien Erzählen. Das literarische Werk John von Düffels"[2] herausgearbeitet.

Von Düffel – selbst passionierter Schwimmer – zieht in seiner Reflexion Parallelen zwischen den Vorgängen des Schwimmens und des Schreibens. Beide sind für ihn „Elemente" (Z. 54): „Das Element des Schreibens wie des Schwimmens ist ein eifersüchtiges Element. Es duldet keine andere Nähe als die zu den Figuren seiner Geschichte oder zum Wasser selbst. Und es gilt darin kein anderes Glück als das Gelingen eines Satzes oder einer Bahn." (Z. 73–78). Angst und Sucht, Vertrautheit und Fremdheit, Selbst-Erleben und Selbst-Überwindung sind die Pole, zwischen denen sich von Düffels Schreiben ereignet. Mit dieser – wiederum poetisierten – Beschreibung des kreativen Schreibvorgangs ermöglicht von Düffel (ähnlich wie im Film „Houwelandt – Ein Roman entsteht") gleichermaßen bildhafte wie konkrete Einblicke in sein literarisches Schaffen.

Die hier vorgeschlagene Unterrichtsstunde stellt den Text „Ich schwimme, also schreibe ich" ins Zentrum der Aufmerksamkeit. Eingeleitet werden kann die Arbeit mit dem Text über ein Abfragen der Vorstellungen der Schülerinnen und Schüler dazu, wie wohl ihrer Meinung nach ein literarischer Text entsteht:

■ *Wie stellen Sie sich die Entstehung eines literarischen Textes vor?*

---

[1] John von Düffel: Ich schwimme, also schreibe ich. In: Olaf Kutzmutz (Hrsg.): Geld, Ruhm und andere Kleinigkeiten. Autor und Markt – John von Düffel. Wolfenbütteler Akademie Texte, Band 31, Wolfenbüttel 2007, S. 8–11, hier S. 8

[2] Familien erzählen. Das literarische Werk John von Düffels. Hg. v. Stephanie Catani und Friedhelm Marx. Göttingen 2010

Die Aussagen der Schülerinnen und Schüler, die an der Tafel oder auf Folie festgehalten werden, sollten, wenn möglich, anschließend mithilfe von Schlagwörtern wie „Inspiration", „Idee", „Überarbeitung" etc. gebündelt werden. Danach lesen die Schülerinnen und Schüler von Düffels Text (**Arbeitsblatt 26**, S. 88f.), der in beispielhafter Weise den Prozess des Schreibens veranschaulicht. Die Aufgabe zur Texterarbeitung lautet wie folgt:

■ *Arbeiten Sie den Text durch und sammeln Sie die von Düffel genannten Parallelen zwischen Schwimmen und Schreiben in Stichworten und Zitaten.*

Die Ergebnisse der Textarbeit werden anschließend gemeinsam an der Tafel oder auf Folie ausgewertet und beispielsweise wie folgt systematisiert:

„Wie schreiben Sie?" –
John von Düffels Text „Ich schwimme, also schreibe ich"

Schreiben ist wie Schwimmen, weil …

… eine lange Strecke weißen Papiers wie eine lange Schwimmstrecke ist (Z. 21 ff.)
… ein Gefühl für eine Geschichte wie ein Gefühl für das Wasser sein kann (Z. 24 ff.)
… sich die Angst vor der Erschöpfung und das Angewiesensein auf eine höhere Gunst gleichen (Z. 30 ff.)
… man für beides Kondition und Disziplin braucht (Z. 35)
… man bei beidem in eine fremde Welt wechselt (Z. 53 f.)
… beides Überwindung und Abschied bedeutet (Z. 55 ff.)
… beide Elemente gleichermaßen vereinnahmend sind (Z. 60 ff.)
… man bei beidem Angst vor dem Scheitern hat und süchtig danach wird, diese Angst zu besiegen (Z. 100)

Eine Vertiefung der Ergebnisse im Unterrichtsgespräch kann wie folgt gestaltet werden:

■ *Entsprechen von Düffels Beschreibungen Ihren eingangs genannten Vorstellungen?*

■ *Rufen Sie sich in Erinnerung, wie Sie selbst Texte verfassen, und finden Sie – analog zu von Düffel – ein Bild für Ihr Vorgehen. Begründen Sie Ihre Wahl.*

Die Bilder der Schülerinnen und Schüler sind individuell und können sich z. B. auf eine Bergbesteigung, einen Langstreckenlauf, einen Sprint, einen Gang durch ein Labyrinth o. Ä. beziehen.

Arbeitsblatt 27, S. 90, kann den Schülerinnen und Schülern als Hausaufgabe zur Lektüre mitgegeben werden oder als weitere Diskussionsgrundlage im Unterricht dienen. So kann z. B. danach gefragt werden, wie der Lebenslauf des Autors auf die Schülerinnen und Schüler wirkt oder was ihnen daran auffällt. Häufig äußern sie sich dazu, dass von Düffel sehr früh promoviert hat oder lange Zeit hauptsächlich als Dramatiker tätig war. Hier bieten sich Anknüpfungspunkte an den Text z. B. über Jorges fertiggestellte vs. Thomas' abgebrochene Dissertation oder auch die Frage, ob und inwiefern die Schülerinnen und Schüler einen Einfluss dramatischer Schreibweisen auf „Houwelandt" erkennen oder nicht.

5.2 Autor und Markt

John von Düffel ist ein zeitgenössischer Autor, der nicht nur – wie im vorangegangenen Kapitel dargestellt – sein eigenes Schreiben reflektiert, sondern auch Einblick gewährt in die Gesetze des Literaturmarktes. Aufschlussreich ist – neben der Film-Dokumentation „Houwelandt – Ein Roman entsteht" von Jörg Adolph (Deutschland 2005) – in diesem Zusammenhang insbesondere der von Olaf Kutzmutz herausgegebene Tagungsband „Geld, Ruhm und andere Kleinigkeiten. Autor und Markt – John von Düffel" aus der Reihe der Wolfenbütteler Akademie Texte.[1] „Der Tagungsband stellt mit John von Düffel einen Autor in den Mittelpunkt, an dessen Beispiel die vielgestaltigen Aspekte eines Schriftstellerlebens exemplarisch vorgestellt und diskutiert werden: „von der Ideenfindung über die Vermarktung bis zur öffentlichen Wahrnehmung", so Kutzmutz im Vorwort.[2] In dem Band äußern sich u. a. der Verleger Dietrich zu Klampen (zu Klampen Verlag, Springe), der Lektor und Programmleiter für Belletristik bei C. H. Beck, Dr. Martin Hielscher, sowie die Literaturagentin Karin Graf, Gründerin der Literatur- und Medienagentur Graf & Graf in Berlin zu ihren jeweiligen Tätigkeiten (**Arbeitsblätter 28 – 30**, S. 91–96).

Die teilweise durchaus persönlich gehaltenen Texte bieten den Schülerinnen und Schülern die Möglichkeit, Personen und Institutionen des Literaturmarktes in ihrer jeweiligen Funktion kennenzulernen. Ziel des Unterrichts ist es, das Bedingungsfeld von Literaturproduktion und -publikation abzustecken. Als Einstieg werden die Schülerinnen und Schüler zunächst mit einem – recht ernüchternden – Zitat Martin Hielschers konfrontiert, das auf Folie gezeigt oder an die Tafel geschrieben werden kann:

> „Es wird unendlich viel mehr geschrieben, als [...] gedruckt werden kann. Und: Es gibt kein Naturgesetz, das einen Anspruch darauf, gedruckt zu werden, formuliert. Es gibt auch keine Garantie für den Erfolg – selbst wenn man gedruckt wird."
>
> Hielscher 2007, S. 25

Die Schülerinnen und Schüler werden gebeten, ihre Eindrücke zu dem Zitat zu äußern und zu überlegen, welche Konsequenzen sich aus der Feststellung Hielschers für den Literaturbetrieb ergeben könnten. Erste Begriffe wie z. B. „schlechte Aussichten", „Auswahl", „Flop", „Bestseller" o. Ä. können, je nachdem wie sie sich aus der Diskussion ergeben, an der Tafel oder auf der Folie notiert werden.

Anschließend werden die Bedingungen des Literaturmarktes anhand der Texte genauer untersucht und szenisch in eine Gesprächsrunde umgesetzt. Zunächst werden die drei Texte auf den Arbeitsblättern arbeitsteilig an die Lerngruppe ausgegeben, wobei jeweils ein Drittel einen Text erhält, der mithilfe des folgenden Arbeitsauftrages bearbeitet wird:

- *Lesen Sie den Text und markieren Sie Stellen, die Auskünfte über die Tätigkeit und Funktion der jeweiligen Person geben. Stellen Sie zentrale Stichwörter zu einer Gruppe zusammen.*

- *Bilden Sie Dreiergruppen bestehend aus Lektor, Verleger und Agent. Schlüpfen Sie in die Rollen der Beteiligten und bereiten Sie eine etwa 5- bis 10-minütige Diskussion darüber vor, ob „Houwelandt" publiziert werden soll oder nicht. Argumentieren Sie aus der Position Ihrer jeweiligen Figur heraus.*

---

[1] Olaf Kutzmutz (Hrsg.): Geld, Ruhm und andere Kleinigkeiten. Autor und Markt – John von Düffel. Wolfenbütteler Akademie Texte, Band 31, Wolfenbüttel 2007

[2] ebd., S. 5

Die Argumente der Diskussionsteilnehmer können sich z. B. mit folgenden Fragen auseinandersetzen:
- Passt „Houwelandt" in das Verlagsprogramm, das der Verleger vertritt?
- Überzeugt der Roman qualitativ?
- Welche Aussichten auf Erfolg könnte das Sujet „Familie" haben?
- Welchen Einfluss könnte der Bekanntheitsgrad von Düffels auf die Verkaufszahlen haben?
- …

Die Diskussion wird – je nach Zeitrahmen – exemplarisch von einigen Gruppen vorgestellt, wobei das Plenum Notizen zu den Standpunkten der Gesprächsteilnehmer anfertigt. Diese werden in einem letzten Schritt gemeinsam zu einem Bedingungsfeld systematisiert, das in Stichworten die Interessen der einzelnen Institutionen veranschaulicht. Dieses kann, unter Einbeziehung des Autors, an der Tafel oder auf Folie wie folgt gestaltet werden:

Das Bedienungsfeld von Literaturproduktion und -publikation

Autor:
- künstlerische Freiheit vs./und finanzielle Interessen
- Angebot und Nachfrage
- hauptberuflicher oder nebenberuflicher Autor
- finanzielle Vergütung, Vorschuss
- arrivierter Autor oder Debütant
- Genre (Dramatiker, Romanautor, Lyriker etc.)

Verlag:
- Profil des Verlagsprogramms
- Rentabilität (Angestellte, Kosten etc.)
- unregelmäßiger Gewinn
- Autorenhonorare
- literarisches Interesse
- Angebot und Nachfrage
- Idealismus?
- Werbung, Lesungen

Kunst und Markt

Agent:
- vermittelt Autoren an Verlage
- wird am Autorenhonorar beteiligt
- geschäftliches und partnerschaftliches Verhältnis zum Autor (Begleitung)
- literarisches Interesse
- begrenzter Autorenkreis ggf. unterschiedlicher Genres
- Vertragsgestaltung
- hilft dem Autor, sich auf dem Markt zurechtzufinden

Lektor:
- Literaturexperte
- Verlagsprogramm
- Bewertung und Auswahl der Texte: subjektives Geschmacksurteil und objektive Kriterien (z. B. Sprache, Thema)
- Vorauswahl
- geringe Chancen unverlangt eingesandter Manuskripte
- Begleitung von Autor und Text

5.3 „Houwelandt" und seine literarische Rezension

Die Texte des Prosaautors und Dramatikers John von Düffel riefen vor allem in der Anfangsphase seines literarischen Schaffens ein geteiltes Echo bei den Kritikern hervor.[1] Seinem Romandebüt „Vom Wasser" (1998) beispielsweise wurde „alliterationsselige[…] Wasser-

---

[1] Ulrich Fischer stellt in seinem Artikel hierzu wesentliche Stationen zusammen: Vgl. Fischer, Ulrich: John von Düffel. In: Kritisches Lexikon der deutschsprachigen Gegenwartsliteratur – KLG. 81. Nlg. Hg. von Arnold, Heinz Ludwig. Göttingen 2005, S. 1–10

Prosa" einerseits und eine „bedachte Auswahl tragfähiger Metaphern" andererseits attestiert.[1] Auch die Reaktionen auf den 2004 erschienenen Familienroman[2] „Houwelandt" schwanken zwischen dem Vorwurf der „allzu privaten Fabelkonstruktion"[3] und dem anerkennenden Urteil, mit dem „Erfolgsroman" „Houwelandt" eine „moderne Kontrafaktur auf die ‚Buddenbrooks'"[4] geschaffen zu haben. Gerade aber weil „Houwelandt" von der Kritik nicht einhellig gelobt wurde, bietet die Auseinandersetzung mit dem Roman die Möglichkeit, neben den analytischen und interpretatorischen Kompetenzen auch das kritische Urteilsvermögen der Schülerinnen und Schüler zu schärfen, qualitative Aspekte von Literatur zu beleuchten und – wie in den Kapitel 5.1 und 5.2 geschehen – die Bedingungen der Entstehung und Entwicklung von Literatur zu reflektieren.

Der vorliegende Unterrichtsvorschlag zielt darauf, den Schülerinnen und Schülern rezensierende Texte zu „Houwelandt" vorzustellen und anhand dieser praktische Anregungen zur Erstellung und Überarbeitung einer eigenständigen Rezension zu erarbeiten.[5] Einen Einstieg dazu bietet das **Arbeitsblatt 31**, S. 97, ein Auszug aus einem Interview mit John von Düffel, in dem er sich zu seinem persönlichen Umgang mit Kritik äußert. Der Text kann z. B. auf Folie vorgestellt und dann diskutiert werden:

> *Fassen Sie mit eigenen Worten zusammen, welche Wirkung Kritik auf John von Düffel hat und wie er damit umgeht.*

> *Wie wirkt von Düffels Herangehensweise auf Sie? Wie würden Sie an seiner Stelle verfahren?*

Anschließend werden die Schülerinnen und Schüler aufgefordert, ihre Meinung zum Roman „Houwelandt" in einem kurzen Text zu beschreiben:

> *Verfassen Sie einen kurzen Text, in dem Sie beschreiben, was Ihnen an „Houwelandt" gefallen hat und was nicht.*

Dies soll an dieser Stelle bewusst unbefangen und vorab geschehen, um diese Meinung unverfälscht und unbeeinflusst von später folgenden Rezensionstexten bilden zu können. Die Texte werden anschließend exemplarisch im Plenum vorgestellt, um Aspekte vorzustellen und Fragen zu klären.

Auf die Phase der Textproduktion folgt die Lektüre der professionell erstellten Rezensionen, die sich auf den **Arbeitsblättern 32 und 33**, S. 98 und 99, finden. Die Schülerinnen und Schüler bearbeiten die Texte in Partnerarbeit unter folgender Aufgabenstellung:

> *Arbeiten Sie die beiden Rezensionen zu „Houwelandt" durch. Gliedern Sie sie und unterstreichen Sie zentrale Textstellen.*

> *Prüfen Sie die Vorgehensweise der Autoren und erstellen Sie anhand der Texte eine Checkliste zur Erstellung einer Literaturkritik, an der Sie sich orientieren können. Worauf müssen Sie achten, wenn Sie eine Kritik schreiben?*

---

[1] Fischer, S. 5f.
[2] Zur Problematik des Begriffs „Familienroman" s. Scheffel, Michael: ‚Glieder in einer Kette'? Bilder der Familie und Formen des Erzählens in Thomas Manns „Buddenbrooks" und John von Düffels „Houwelandt". In: Familien Erzählen. Das literarische Werk John von Düffels. Hg. v. Stephanie Catani und Friedhelm Marx. Göttingen 2010, S. 130f.
[3] Fischer, S. 10
[4] Scheffel, S. 140
[5] Weiterführende Überlegungen z. B. zur Analyse von Rezensionen siehe z. B. Oliver Pfohlmann: Literaturkritik und literarische Wertung. 11.–13. Schuljahr. Hollfeld: Bange Verlag 2008.

Die Aufgaben werden gemeinsam im Plenum ausgewertet und eine Checkliste erstellt. Diese kann z. B. wie folgt gestaltet werden:

Checkliste zur Erstellung einer Romankritik

- Der Artikel ist klar und übersichtlich aufgebaut.
- Der Text ist verständlich und lebendig geschrieben.
- Titel und Untertitel wecken das Interesse des Lesers.
- Die Kritik nennt wichtige Informationen zu Autor und Roman (z. B. Erscheinungsjahr, Umfang, Verortung im Gesamtwerk etc.).
- Sie gibt eine kurze inhaltliche Orientierung zur Romanhandlung (Präsens!) und benennt deren zentrale Themen.
- Sie nennt wichtige oder auffällige Texteigenschaften (z. B. Ich-Perspektive, Collage etc.).
- Sie übt positive und negative Kritik, wobei beides angemessen begründet und ggf. mit Beispielen aus dem Text belegt wird.
- Sie fasst ggf. in einem Gesamturteil zusammen, warum der Roman lesenswert ist oder nicht.

Mithilfe der Anregungen aus den Rezensionen und der Checkliste überarbeiten die Schülerinnen und Schüler anschließend ihre Texte und besprechen diese in einem nächsten Schritt in Vierergruppen:

- *Überarbeiten Sie den Text, den Sie geschrieben haben, mithilfe der Ihnen nun zur Verfügung stehenden Hilfestellungen.*
- *Tauschen Sie Ihre Texte in einer Vierergruppe untereinander aus und geben Sie sich gegenseitig sachgemäße Feedbacks zur Qualität der Texte.*
- *Wählen Sie einen Text in der Gruppe aus, den Sie im Plenum vorstellen. Begründen Sie Ihre Wahl.*

Bei letzterem Schritt sollten die Schülerinnen und Schüler darauf hingewiesen werden, dass nicht nur besonders gelungene Texte präsentationswürdig sind, sondern auch jene, die problematisch erscheinen oder Fragen aufwerfen, die gemeinsam geklärt werden können. Eine abschließende Vertiefung kann über **Arbeitsblatt 34**, S. 100, erfolgen, das Hintergrundinformationen zur literarischen Kritik bereitstellt. So kann z. B. nach der Lektüre des Arbeitsblatts danach gefragt werden, welche Funktionen die Schülerinnen und Schüler besonders wichtig oder fragwürdig finden – oder wie von Düffels Äußerung (s. Einstieg) in Bezug zu den Funktionen und Funktionsweisen von Literaturkritik gesetzt werden kann.

- *Welche Funktionen der Literaturkritik erscheinen Ihnen besonders wichtig oder fragwürdig?*
- *Welche Zusammenhänge sehen Sie zwischen von Düffels Umgang mit Kritiken und den Funktionen von Literaturkritik?*

John von Düffel:
Ich schwimme, also schreibe ich

Es ist mir noch nie leicht gefallen, über das Schreiben zu schreiben. „Wie schreiben Sie?" ist die Frage, die ich auf Lesungen immer am meisten fürchte. Jeder echte Profi hätte mittlerweile längst die passende Antwort parat – zumal diese Frage beinahe jeden Abend mit tödlicher Sicherheit kommt. Sie trifft mich also nicht unvorbereitet. Und trotzdem bringt sie mich regelmäßig in Verlegenheit. Eine Zeit lang war ich dazu übergegangen, mir intelligent klingende Repliken im Voraus zurechtzulegen, von denen ich aber im Ernstfall nie eine über die Lippen gebracht habe. Inzwischen akzeptiere ich das allabendliche Verstummen und die leichten Schweißausbrüche in der Rollkragengegend als mein Schicksal.

„Wie schreiben Sie?" ist meine klassische Angstfrage. Und das wird auch so bleiben.

Um die Peinlichkeit nicht jedes Mal ausufern zu lassen, habe ich mir angewöhnt, schnell das Thema zu wechseln. Ein, zwei Bemerkungen, und ich gelange vom Schreiben scheinbar zwanglos zum Schwimmen. Ich ziehe Parallelen zwischen der Endlosigkeit des glatten, kachelblauen Wassers vor dem Startsprung und den langen Strecken weißen Papiers am Anfang eines Romans. Ich vergleiche den berühmten ersten Satz mit dem Moment, in dem ein Schwimmer zum ersten Mal spürt, wie das Wasser geht. Es ist der Augenblick, in dem man die Geschichte auf einmal unter den Händen spürt und plötzlich weiß, wie sich die bevorstehende Strecke heute dem Rhythmus von Atem und Bewegung fügen wird. Alles ist darin enthalten, auch die Angst vor der Erschöpfung und das Gefühl des Angewiesenseins auf eine Gunst, die größer ist als man selbst.

Was also braucht man zum Schreiben? Dasselbe wie zum Schwimmen: vor allem Kondition und Disziplin. Soweit das Gelingen eines Satzes oder einer Strecke überhaupt von einem selbst abhängt, sind das die Voraussetzungen. Dabei ist die Kondition, die das Schreiben erfordert, sehr viel körperlicher, als man gemeinhin denkt, die Disziplin beim Schwimmen dagegen geistiger, als man glaubt. Man braucht nicht nur einen eisernen Willen, um drei oder fünf Kilometer Wasser im Freistil zu durchpflügen. Man muss sich dem Wasser widmen mit einer Hingabe und inneren Beharrlichkeit, wie sie eine große Geschichte von ihrem Erzähler verlangt. In diesem Sinne denke ich nach über das Schreiben als Schwimmen und das Schwimmen als Schreiben, bis ich den Unterschied selbst nicht mehr weiß und mir nur noch wünsche, ich würde noch einmal eintauchen können in den Strom der Worte und Bewegungen, in die Unterwasserwelt der Figuren und des Atems, der sie lebendig macht.

Am Anfang ist immer das Eintauchen, der Wechsel von einem vertrauten Element in das andere, fremde. Es wäre gelogen, wenn ich sagen würde, dass es mich keinerlei Überwindung kostet. Im Gegenteil. Sich hineinzubegeben in die Welt des Wassers oder einer Geschichte heißt auch immer Abschied zu nehmen von dem Leben, das man im Augenblick gerade lebt. Und dieser Abschied fällt nicht immer leicht. Oft muss man sich regelrecht losreißen von den Menschen und Annehmlichkeiten, die einen umgeben. Es gibt manchmal vieles, was man lieber täte, einfach deshalb, weil das Element des Schwimmens und des Schreibens vom Augenblick des Eintauchens an keine Rücksichten kennt. Das Wasser löst einen aus allen Bezügen. Man liefert sich ihm aus, ganz und gar. Es nützt dem Schwimmer überhaupt nichts, wenn er bis eben in einer geselligen Runde ein netter Kerl gewesen ist. Das Wasser macht es ihm darum nicht leichter, genauso wenig wie der Schreibtisch über die Witze mitlacht, die gerade noch alles so einfach erscheinen ließen. Das Element des Schreibens wie des Schwimmens ist ein eifersüchtiges Element. Es duldet keine andere Nähe als die zu den Figuren seiner Geschichte oder zum Wasser selbst. Und es gilt darin kein anderes Glück als das Gelingen eines Satzes oder einer Bahn.

Jeder, der ernsthaft schwimmt oder schreibt, hat Angst vor dem, was er tut. Ihm begegnet auf den langen Strecken jedes Mal die Möglichkeit des Scheiterns, des völligen Untergangs. Und da es im Wasser und in den Geschichten niemanden gibt, keine Menschen außer denen, die er in sich trägt, kann ihm auch niemand zur Hilfe kommen. Jeder Schwimmer weiß das. Er weiß, dass er vom Moment des Eintauchens an mit dem Wasser allein ist, und er kann nur hoffen, dass es ihn trägt. Er weiß, dass er seinen ganzen Willen zusammennehmen muss, um in diesem Element zu bestehen, und er weiß auch, dass das nicht reicht. Letztlich ist es der Gunst des Wassers zu verdanken, wenn sich dieser Wille in Bewegung verwandelt und er mit schnellen, geschmeidigen Zügen durch das Becken gleitet, so als gäbe es keinen Widerstand zwischen dem Wasser und seiner Bewegung, so als wären Schwimmen und Geschwommenwerden eins.

Die Angst schreibt und schwimmt immer mit. Und wenn man täglich das tut, wovor man am meisten Angst hat, wird man irgendwann süchtig danach. Man wird süchtig nach dem Besiegen seiner Angst. Und ohne diesen täglichen Sieg kann man auf einmal nicht mehr in den Spiegel schauen.

Wie ein Süchtiger plane ich meine Tage. Ich schiebe sämtliche Reisen und Termine so, dass immer eine Lücke von Zeit entsteht für meine Sucht, für die zeitlosen anderthalb Stunden, in denen ich nicht dem Alltag, sondern dem Wasser gehöre. Bis es so weit ist, finde ich keine Ruhe. Ich bin nervös und angespannt – unmöglich zu sagen, ob es eine Art von Ungeduld oder Vorfreude ist oder ganz einfach die Angst, heute im Wasser nicht zu bestehen.

Ich versuche, mich zu beherrschen, und erkundige mich an der Hotelrezeption in möglichst unaufgeregtem Ton nach dem nächstliegenden Schwimmbad. Mit zittrigen Fingern fahre ich über den Stadtplan und folge dem Weg zum Wasser. Glasfassaden, Siebziger-Jahre-Architektur. Ich betrete den Eingangsbereich der Schwimmhalle. Der Geruch von Chlordunst und Ammoniak schlägt mir entgegen. Schwüle, schweißige Luft.

Ich zahle und passiere das Drehkreuz. Das Geschrei von Kindern im Wasser, anschlagende Sprungbretter, das Platschen eintauchender Körper. Mit einem Ohr versuche ich herauszuhören, wie voll das Becken heute sein wird, was für Revierkämpfe mich diesmal erwarten, bis ich ein Stück Einsamkeit im Wasser erobert habe und verschmelzen kann mit meiner Bahn. Währenddessen ziehe ich mich aus und hänge meine Kleidung auf den torsoförmigen Bügel – Jacke, Pullover und Hose, die ganze äußere Hülle. Ich schließe sie ein und gehe barfuß die gekachelten Gänge hinunter, den Geräuschen des Wassers entgegen.

Meine Angst erreicht ihren Höhepunkt. Es ist stickig in den Duschräumen und Zwischengängen, doch ich friere. Ich fühle mich wie gehäutet. Das Herz schlägt mir bis zum Hals. In den Eingeweiden eine Angst wie vor Wettkämpfen, so als hätte ich ein großes Finale zu bestreiten und eine Zeit zu schwimmen, die im Wasser von mir bislang unerreicht war. Nichts dergleichen ist der Fall. Es geht um nichts, ich sage mir das, aber es beruhigt mich keineswegs. Ich bin verloren in einer Fuge zwischen zwei Welten, zwischen der Festigkeit des Tages und dem Wasser, ein Amphibium im Übergang.

Unter meinen Händen die Armaturen der Vordusche. Ich drücke einen Knopf und lasse das kalte Wasser auf mich niederprasseln. Es trifft hart auf Kopf und Schultern und rinnt mit flüssigen Fingern an mir herab. Ich habe das Element noch nicht gewechselt. Noch umgibt mich das Wasser nicht. Tropfend lege ich die letzten Meter zurück. Meine klatschenden Schritte auf dem Weg zum Beckenrand. Ich schaue auf das Wasser, das unverwandte Blau, die unruhig verzitternde Oberfläche, immer auf der Suche nach einer möglichen Bahn. Neben einem Startblock bleibe ich stehen. Ich setze mein Chlorbrille auf und drücke sie tief in die Augenhöhlen. Mein Atem beschleunigt. Ich gehe in die Hocke, die Zehen am Beckenrand festgekrallt. Eine Sekunde des Innehaltens wie für einen unhörbaren Schuss. Dann ist es so weit. Ich springe. Und schreibe.

Es ist immer dieselbe Angst, die überwunden werden will – beim Schwimmen wie beim Schreiben. Ich kenne sie sehr gut. Aber ich könnte nicht sagen, woher sie eigentlich kommt. Mir scheint, sie war immer schon da. Seit ich denken kann. Sie schwimmt und schreibt mit auf jeder Bahn, bei jeder Zeile. Sie ist zu meiner engsten Vertrauten geworden. Ich würde sie vermissen, wenn sie nicht mehr da wäre. Sie ist der Leitfaden meiner Arbeit.

Es ist keineswegs so, dass diese Angst vorm Schwimmen und Schreiben mit der Zeit ihre Bedrohlichkeit eingebüßt hätte. Sie kann mir noch immer sehr gefährlich werden, und zuweilen lässt sie mich das spüren. Aber ich habe gelernt, mit dieser Gefahr zu leben und sie anzunehmen als einen Teil von mir. Inzwischen weiß ich, dass Angst auch nur eine Art ist, sich selbst zu erleben, beinahe wie Glück. Und vielleicht ist dies die dritte Voraussetzung fürs Schwimmen und Schreiben – neben Kondition und Disziplin –, vielleicht ist Angst der Urgrund. Je länger ich darüber nachdenke, desto mehr erscheint sie mir als die eigentliche Gabe des Schreibens oder das Schreiben als eine besondere Begabung zur Angst.

Wie also schreibe ich? Ich schreibe, wie ich schwimme, indem ich die Angst aufsuche, jeden Morgen, jeden Tag. Ich tauche ein in ihre Geschichten und Gedanken. Ich spüre unter der Wasseroberfläche ihren Figuren und Verwandlungen nach. Jeden Tag, jeden Morgen schreibe und schwimme ich so lange, bis mir ganz leicht wird vor Angst und sie mich mit ihrer unfassbaren Vertrautheit umgibt. Ich schreibe und schwimme für die lichten Momente des Schreckens und ihre bitterzarte Schönheit, wenn sich die Angst ganz behutsam über alles legt und die Dinge aus der Vergessenheit hebt.[1]

Aus: John von Duffel, Wasser und andere Welten © 2002 Du Mont Buchverlag, Köln

---

[1] zuerst veröffentlicht in der WELT vom 3. Juni 2000

■ *Arbeiten Sie den Text durch und sammeln Sie die von Düffel genannten Parallelen zwischen Schwimmen und Schreiben in Stichworten und Zitaten.*

John von Düffel: Leben und Werk

1966 John von Düffel wird am 20. Oktober in Göttingen als ältester Sohn eines Lehrer-Ehepaars geboren. Früh lernt er, mit Umzügen und Ortsveränderungen zu leben: Er wächst unter anderem im irischen Londonderry, in Vermillion, South Dakota, und verschiedenen kleineren deutschen Städten auf. Noch jung wird er zum begeisterten Langstreckenschwimmer und entdeckt seine Liebe zum Wasser, die sich in vielen seiner Texte niederschlagen wird.

1985 Nach seinem Abitur an einem Oldenburger Gymnasium beginnt er, Philosophie, Germanistik und Volkswirtschaftslehre an den Universitäten Stirling (Schottland) und Freiburg im Breisgau zu studieren. Noch während des Studiums debütiert er als Hörspielautor.

1989 In Alter von 23 Jahren schließt er sein Studium mit einer Promotion zur Erkenntnistheorie ab. Danach arbeitet er als Journalist und verfasst Film-, Tanz- und Theaterkritiken.

1991 John von Düffel beginnt seine Bühnenlaufbahn mit einem Engagement als Dramaturg am Theater der Altmark in Stendal.

1993 Bis 1996 arbeitet er als Dramaturg in Oldenburg. Prix Futura Berlin für das Hörspiel *Go Wost!*.

1995 *Oi* und *Solingen* erscheinen, Stücke, in denen sich der Autor mit dem fortdauernden und wiederaufkommenden Faschismus in Deutschland auseinandersetzt.

1996 Von Düffel arbeitet als Dramaturg in Basel, die Theatersatire *Das schlechteste Theaterstück der Welt* erscheint.

1997 *Die Unbekannte mit dem Fön* wird uraufgeführt. In den Stücken *Saurier-Sterben* und *Missing Müller (Die Müller-Maschine)* setzt sich von Düffel humoristisch mit Theatertradition und Generationenkonflikt auseinander.

1998 Von Düffel arbeitet als Dramaturg in Bonn. Für sein Romandebüt *Vom Wasser*, die Geschichte einer hessischen Papierfabrikantenfamilie und eine Hommage an das fließende Element, erhält er den Aspekte-Literaturpreis des ZDF, den Ernst-Willner-Preis sowie den Mara-Cassens-Preis.

1999 Die Dramen *Zweidrei Liebesgeschichten* und *Shooting Sense oder das Hundertste Semester* und die Farce *Rinderwahnsinn* werden uraufgeführt. Der Text *Born in the RAF* erscheint.

2000 Von Düffel arbeitet als Dramaturg am Thalia Theater in Hamburg und hat eine Gastprofessur am Deutschen Literaturinstitut Leipzig und eine Dozentur an der Universität Hamburg inne. Sein zweiter Roman *Zeit des Verschwindens* und das Theaterstück *Balkonszenen* erscheinen.

2001 *Ego* erscheint, ein satirischer Gesellschaftsroman.

2002 *Wasser und andere Welten. Geschichten vom Schwimmen und Schreiben* erscheint. Das Drama *Elite 1.1* wird in Hamburg uraufgeführt.

2004 *Houwelandt* erscheint. Jörg Adolph dreht mit John von Düffel den Dokumentarfilm *Houwelandt – Ein Roman entsteht* über die Textgenese.

2005 Von Düffel erhält „Das neue Buch": den Preis des Verbands deutscher Schriftsteller Niedersachsen/Bremen für *Houwelandt*.

2006 Die autobiografisch gefärbte Erzählung *Hotel Angst* wird veröffentlicht. Verleihung des Nicolas-Born-Preises. Von Düffel gehört der Jury des Deutschen Buchpreises an.

2007 Der Roman *Beste Jahre* erscheint.

2008 Poetikprofessur an der Otto-Friedrich-Universität in Bamberg. John von Düffel lebt in Bremen.

John von Düffel – Leben und Werk. In: John von Düffel: Houwelandt. Köln: DuMont 2004 Copyright © 2004, MVB

Der Buchverlag

Dietrich zu Klampen: Geld, Ruhm und andere Kleinigkeiten – der Buchverlag

Ich möchte Ihnen erzählen, was es mit dem lieben Geld und unserer Verlagsgründung auf sich hatte, wie Verlage versuchen, ihre Autoren zu bezahlen, und Ihnen einige nicht so schöne Tendenzen vom Buchmarkt berichten. Die Stichworte lauten Geld, Ruhm und andere Kleinigkeiten – lassen Sie uns also über das Geld sprechen!

Unseren Verlag haben wir 1983 noch während unseres Studiums in Lüneburg gegründet. Gerhard Schweppenhäuser, der inzwischen zugunsten seiner wissenschaftlichen Karriere wieder ausgestiegen ist – er ist Professor für Philosophie in Bozen –, Rolf Johannes, mein Kompagnon in Buchhandlung und Verlag, und ich hatten uns im Studium kennengelernt und studierten besonders intensiv die kritische Theorie der Frankfurter Schule.

Unsere Lehrer waren vorbildlich, das Studium in seiner Praxisferne ein Privileg, das heutzutage zugunsten eines praxisnahen, kurzen Studiums abgeschafft wird. Leider!

Und doch hatten unsere akademischen Lehrer in unseren Augen eine Eigenart, die wir nicht teilen mochten: Sie klagten ein wenig darüber, dass sich ja kein Verlag im Ernste dafür interessiere, Werke der gegenwärtigen kritischen Theorie zu verlegen.

Das ließen wir uns nicht dreimal sagen und meldeten beim Gewerbeaufsichtsamt in Lüneburg unseren Verlag an. Er musste als GbR den Namen eines Gesellschafters tragen. Einen Johannes-Verlag gab es schon, einen Schweppenhäuser-Verlag konnten wir aus Rücksicht auf Gerds Vater, der in Lüneburg Philosophieprofessor war, nicht machen – also blieb nur mein Name übrig. So wurde ich Verleger.

Die Anfangsabsicht war, die Werke einer kritischen Gesellschaftstheorie unters Volk zu bringen, sozusagen Aufklärung zu betreiben. Es war ein sehr idealistisches Unterfangen – das war uns vollkommen bewusst! Die Zeiten, da man solche Bücher zu Zigtausenden verkaufen konnte, waren längst vorbei. Und doch wollten wir aus inhaltlichen Gründen nicht davon lassen. Wir schworen uns, besonders vorsichtig zu sein, alle unnötigen Kosten zu vermeiden und den Verlag ganz langsam Schritt für Schritt aufzubauen. So haben wir denn alle neben der Buchproduktion unsere Abschlüsse gemacht und Berufserfahrung gesammelt außerhalb der Buchbranche.

Ich habe 1987 mein Diplom in Pädagogik gemacht und als Sozialarbeiter auf der ehemaligen Büsumer Werft den arbeitslos gewordenen Werftarbeitern bei der Umschulung geholfen.

Obwohl mir diese Arbeit sehr viel Freude bereitet hat, habe ich nach guten zwei Jahren gekündigt und einen Deal mit meiner Frau, die damals bei der Hannoverschen Allgemeinen Zeitung arbeitete, gemacht: Sie möge mich ein Jahr durchfüttern, damit ich sehen könne, ob sich mit dem Verlag Geld verdienen ließe.

Nach einem Jahr konnte ich ihr stolz erklären: Jawohl, man kann! Sie müsse mich nur weitere zehn Jahre durchfüttern!

Das schmeckte ihr gar nicht, und mein Kompagnon Rolf Johannes und ich beschlossen also, einen Umweg zu gehen: Wir gründeten 1990 eine Buchhandlung. Durch viele glückliche Umstände läuft unsere Buchhandlung Unibuch inzwischen ohne unser tägliches Mittun so gut, dass wir uns seit einigen Jahren wieder mit voller Power der Verlagsarbeit widmen dürfen.

Der Verlag hat heute seinen Sitz in Springe-Völksen bei Hannover auf dem Hermannshof, einem kleinen Kulturzentrum. Dort machen meine Kolleginnen die Pressearbeit und den Vertrieb sowie die Projektkoordination. Mein Kompagnon hat in Lüneburg noch das Lektoratsbüro, in dem er und Anne Hamilton für den einen Teil der Bücher zuständig sind, während ich in Völksen den anderen Teil betreue. Alles andere haben wir rausgeschmissen, Outsourcing nennt man das: Herstellung, Korrektorat, Umschlaggestaltung und -bearbeitung laufen alle über verschiedene Büros in Hannover.

Wie also ist das nun mit dem Geld? Meine Prognose gegenüber meiner lieben Frau hat sich tatsächlich bewahrheitet: Mit Buchhandlung und Verlag lässt sich Geld verdienen: mit der Buchhandlung ausrechenbar, verlässlich aber nicht viel; mit dem Verlag dagegen ist es wie beim Roulette: Mal kommt man mit einem schönen Gewinn aus dem Jahr, mal mit nicht so schönen Verlusten, manchmal auch mit plus/minus null.

Ich fürchte, dass es in dieser Hinsicht unserem Verlag ergeht wie den meisten Autoren. Wer sich als Autor nicht noch andere Verdienstquellen sichert, wird vom Schreiben allein kaum leben können. Oder er muss sich so sehr an den Markt anpassen, dass er Gefahr läuft, seine eigene Handschrift zu verlieren.

Ein Autor kann – wenn er gut ist und viel, viel Glück

hat – sehr reich werden; Frau Rowling, die Autorin von HARRY POTTER, war im Jahr 2000 immerhin die bestverdienendste Frau Englands.

¹⁰⁰ Bei Verlagen ist das ganz genauso. Nur, dass unser Verlag im Unterschied zu Frau Rowling immer noch auf den großen harrypotterartigen Wurf wartet!

Die Autoren des zu Klampen Verlages können zwar bisher nicht so reich werden wie Frau Rowling, aber ¹⁰⁵ sie werden, wie es üblich ist, an den Verkäufen ihrer Bücher beteiligt. Bei den Autorenhonoraren sind alle Varianten denkbar. Es gibt sogar Verlage, die sich systematisch ihre Verlagsleistung von den Autoren bezahlen lassen: die sogenannten Zuzahlverlage. Das ¹¹⁰ gibt es in anderen Verlagen zwar auch, doch betrifft es dort nur bestimmte Bucharten wie zum Beispiel Dissertationen. Ansonsten gilt: Ein gediegenes Sachbuchhonorar liegt bei 8 % vom Nettoladenpreis (das ist der Ladenpreis abzüglich der 7 % Umsatzsteuer) ¹¹⁵ und eines für ein literarisches Werk bei 10 %.

In vielen Verträgen wird das Honorar gestaffelt. Entweder steigt es von Auflage zu Auflage, oder es bemisst sich nach den verkauften Exemplaren in 1000. Je mehr also verkauft wird, desto höher wird auch ¹²⁰ der prozentuale Anteil des Honorars.

Für viele eine besonders wichtige Größe ist der auszuhandelnde Vorschuss auf das Honorar. Das ist der Posten eines Vertrages, den die Agenten gerne hochverhandeln, nicht nur, weil sie selbst ihre 15 % Provision von allen Einkünften des Autors – also auch ¹²⁵ vom Vorschuss – bekommen, sondern vor allem, weil es ein garantiertes Honorar ist, also auch bezahlt wird, wenn die Verkäufe gar nicht so gut sind. Unser Verlag muss immer dann aus den Verhandlungen um ein gutes Buch aussteigen, wenn der Vorschuss ¹³⁰ viel höher ist, als der Erlös auch aus den sehr optimistisch errechneten Auflagen sein würde. Ob also der ehemalige Bundeskanzler Schröder mit seinem Buch einen Vorschuss im „oberen sechsstelligen Bereich" wieder einfahren kann, weiß ich nicht. Es ist ihm na- ¹³⁵ türlich zu wünschen. Aber ich freue mich, dass ich nicht das Risiko dieses Vorschusses tragen muss.

Autoren mit maßlosen Vorschussforderungen können die meisten Verlage nicht verlegen. Schon die Übersetzer spielen riskant, wenn sie für ihre Berufs- ¹⁴⁰ gruppe neben einem ordentlichen Seitenhonorar noch eine autorenanaloge Umsatzbeteiligung fordern. Unser Verlag überlegt sich inzwischen wegen des erhöhten Risikos jede Übersetzung dreimal. Aktive Autoren hingegen, die sich auch selbst etwa ¹⁴⁵ durch Lesungen für ihr Buch engagieren, können mit dem Verlag zusammen viel für ihr Werk erreichen. […]

Dietrich zu Klampen: Geld, Ruhm und andere Kleinigkeiten – der Buchverlag. In: Olaf Kutzmutz (Hrsg.): Geld, Ruhm und andere Kleinigkeiten. Autor und Markt – John von Düffel. Wolfenbütteler Akademie – Texte Band 31. Wolfenbüttel: Bundesakademie für Bildung. Wolfenbüttel 2007, S. 31–33

■ *Lesen Sie den Text und markieren Sie Stellen, die Auskünfte über die Tätigkeit und Funktion eines Verlegers geben. Stellen Sie zentrale Stichwörter zusammen.*

Der Lektor

Martin Hielscher: Im Maschinenraum der Literatur – der Lektor

Für den Beruf des Verlagslektors – und in meinem Fall den eines Lektors für Literatur – gibt es in Deutschland keine klassische Ausbildung. Man muss ein HOMME oder eine FEMME DE LETTRES sein, viel gelesen und in der Regel ein geisteswissenschaftliches Studium absolviert haben, in einigen Fällen, je nach Verlag, auch promoviert sein und nicht nur in der überlieferten und kanonisierten Literatur, sondern auch im Gewirr der Gegenwartsliteratur, der ausländischen und der deutschen, zu Hause sein.

Im Allgemeinen lernt man die Verlagswelt und den Beruf des Lektors durch ein Praktikum oder Volontariat kennen und bekommt, wenn man Glück hat und seine Arbeit sehr gut macht, vielleicht im Laufe der Zeit eine der wenigen Stellen im Literaturbetrieb, die für die Lektorats- und Programmarbeit im Bereich der Belletristik existieren.

Weil es keine typische Ausbildung, keinen standardisierten Werdegang gibt, weil Lektoren nur bedingt in die Öffentlichkeit treten, weil ihre Arbeit im Werk der Autoren, die sie lektorieren und betreuen, verschwindet, gibt es über diesen Beruf – der gleichzeitig notwendig ist und doch etwas staunenswert Orchideenhaftes besitzt – wenig Informationen. Man kann sich nicht wirklich vorstellen, was genau ein Lektor macht. Im Folgenden greife ich einige der häufig gestellten Fragen zu diesem Beruf auf, wobei ich das Berufsbild eines Lektors beschreibe, der ein anspruchsvolles, also kein rein kommerzielles Programm betreut und auch die Titel auswählt, die er lektoriert, also eine Programmverantwortung trägt.

NACH WELCHEN KRITERIEN WERDEN DIE MANUSKRIPTE AUSGEWÄHLT, DIE TATSÄCHLICH ZU BÜCHERN WERDEN?

Generell gibt es zwei Faktoren im Bereich anspruchsvoller Literaturprogramme, die hier eine Rolle spielen – zum einen die Subjektivität des Lektors, zum anderen das jeweilige Profil eines Programms. Es gibt einen individuellen Geschmack, eine je eigene Prägung, die einen auf bestimmte Manuskripte stark, interessiert reagieren lässt, auf andere nicht. Man muss aber schon innerhalb eines Verlages, auf den Konferenzen, im Angesicht der Entscheidungswege und -instanzen, sein subjektives Urteil begründen, vermitteln, es wird rationalisiert und durch andere Urteile ergänzt oder gebrochen. Wenn man mit anderen Lektoren in anderen Verlagen um bestimmte Manuskripte und Autoren konkurriert, wird einem deutlich, dass subjektive Geschmacksurteile doch auf eine Objektivität treffen. Das ist eine Erfahrung, die man auch in Jurys machen kann. Es gibt einfach Texte, die sofort alle überzeugen, wenn man die Teilnehmer eines Schreibkurses, Preisträger in einem Wettbewerb oder Bewerber für Stipendien auswählen muss.

Man muss zugleich wissen, für welches Programm genau man Manuskripte und damit Autoren sucht, bestimmte Bücher gehören in den Suhrkamp Verlag, aber nicht zu Kiepenheuer & Witsch, zu Piper, aber nicht zu C. H. Beck. Es ist nicht immer leicht zu definieren, worin die Unterschiede bestehen, aber es ist lebenswichtig, sie zu erkennen. Genauso gibt es eine Schnittmenge von Büchern, die in allen diesen Programmen erscheinen können, um die man eventuell sogar konkurriert und die damit wiederum die Objektivität des Besonderen demonstrieren.

Aber was ist das? Es ist zunächst und zuallererst die Sprache. Sie wird in unserem Leben und in fast allem Geschriebenen auf eine derart totalitäre Weise instrumentell gebraucht, dass ein eigenständiger Ton, eine ungewöhnliche Syntax, eine neue Wortwahl, ein anders gearteter Blick, der sich eben in der Sprache zu erkennen gibt, auffallen. Das Ideal eines Textes ist, dass man, wenn man ihn zu Ende gelesen hat, nicht mehr der gleiche Mensch ist wie zuvor. Das mag übertrieben klingen, markiert aber das, was man anspruchsvoll nennt. Der Anspruch ist eben das, was in uns durch den universellen Sprachgebrauch völlig bekannt und zugleich wie zubetoniert zu sein scheint, wieder aufzubrechen – die Axt für das gefrorene Meer in uns, wie Kafka das nannte.

Zugleich – und hier sind wir bei der eierlegenden Wollmilchsau oder bei der Quadratur des Kreises – soll auch ein sogenanntes anspruchsvolles Buch sich der Möglichkeit nach verkaufen lassen können, interessant sein, in der einen oder anderen Weise ansprechend, sei es durch die Geschichte, den Humor, den Schauplatz, den Plot, die Spannung, die Figuren, so etwas wie ein ‚Thema'. Ist es vielleicht etwas Menschliches? Dass ein literarischer Text, der aus einer existenziellen Notwendigkeit entsteht, zugleich eine Mitteilung sein will?

Schließlich sucht man nicht einfach nach Büchern, sondern nach Autoren, jedenfalls in den literarischen Programmen. Das heißt, man versucht – und das ist für alle Beteiligten zunächst nur ein Wunsch und nicht ausgemacht –, Menschen zu entdecken, die weiterschreiben, denen man zutraut, diese riskante Existenz durchzustehen und die man dabei begleiten möchte. Bei den vielen Manuskripten, die man täglich, wöchentlich lesen muss, ist nicht so sehr die Menge der schlechten bedrückend, sondern belastend ist die hohe Zahl der beinahe guten – hier fällt die Entscheidung viel schwerer. Man muss das eine erkennen, das zu einem passt, zum Verlagsprogramm, und das wirklich innerhalb dieser Konstellation eine Notwendigkeit hat – nicht: Das könnte man doch machen, sondern: Das müssen wir machen!

WIE KOMME ICH AN MEINE AUTOREN?

Das „unverlangt eingesandte" Manuskript hat die geringsten Chancen, wahrgenommen zu werden. Da die Umsätze in der gesamten Verlagsbranche – sie ist keine Wachstumsbranche – gesamtwirtschaftlich gesehen eine Petitesse sind, ist die personelle Besetzung der Lektorate außerordentlich schwach. Dieser Beruf ist eine Lebensform – kein Beruf in einem herkömmlichen Sinne. Er hört nie auf, es gibt keine Grenze zwischen Verlag und Zuhause, zwischen Arbeitsplatz und Privatleben. Die Arbeit der Lektoren konzentriert sich auf die Suche nach passenden Titeln für das Programm und die Beschäftigung mit den Manuskripten, die dann tatsächlich unter Vertrag genommen werden. Verlage haben keine Leute, die eigens die täglich eingehenden Manuskripte lesen und umfassend kommentieren können. Die meisten dieser Manuskripte werden querbeet, ohne Ansehen des einzelnen Programms, ohne Kenntnis eines bestimmten Profils herumgeschickt und passen – wenn sie überhaupt eine gewisse Qualität besitzen – oft nicht zu dem Programm, für das man zuständig ist. In gewissen Abständen wird der Stapel unverlangt eingesandter Manuskripte, der sich in jedem Lektoratszimmer findet, wenn er nicht ganze Lektoratszimmer bis unters Dach ausfüllt, von einem Mitarbeiter gesichtet, durchforstet, abgearbeitet, und sollte doch ein Manuskript hervorstechen, wird es weitergereicht. Hin und wieder werden auf diesem Wege Autoren entdeckt, aus Manuskripten werden Bücher, und es kommt sogar vor, dass das eine oder andere ein großer Erfolg wird – die Wahrscheinlichkeit ist sehr gering.

Es ist eher so, dass Lektoren – sei es im deutschsprachigen, sei es im Bereich der ausländischen Literatur – auf der Basis dessen, was sie in dem Verlag, für den sie arbeiten, schon vorfinden – selten werden sie ein Programm komplett neu erfinden können –, ein Netzwerk von Kontakten aufbauen: zu Agenten, Autoren, anderen Leuten im Literaturbetrieb, zu Journalisten, Übersetzern, Kollegen in anderen Verlagen im In- und Ausland. Zu den Aufgaben eines Lektors gehört auch, Zeitschriften und Zeitungen zu lesen, zu Literaturwettbewerben zu fahren und seit einigen Jahren natürlich auch das zu verfolgen, was an neuer Literatur rund um Institutionen wie das Deutsche Literaturinstitut in Leipzig, Textwerk in München, das Studio für Literatur und Theater in Tübingen, die entsprechenden Studiengänge in Hildesheim und an der LMU in München und anderswo entsteht.

Der Vorteil daran: Das Notwendige und Zwingende besteht in der Vorauswahl – man kann sehr viel gezielter herausfinden, was man sich genauer anschauen sollte, und umgekehrt wird man sehr viel gezielter mit Manuskripten versorgt, die wirklich infrage kommen.

Für Autoren, die einen Verlag suchen, stellt sich natürlich immer wieder die Frage, wie sie überhaupt die Schwelle überwinden können, jenseits derer eine Lektorin, ein Lektor sich überhaupt ernsthaft mit ihrem Manuskript beschäftigen kann. Dazu gibt es aber im deutschsprachigen Raum eine Vielzahl von Vermittlungsinstitutionen, die diesen steten Fluss von Manuskripten kanalisieren und in die man hineingehen und in denen man sich behaupten muss. Allerdings: Es wird unendlich viel mehr geschrieben, als – jedenfalls in seriösen Verlagen – gedruckt werden kann. Und: Es gibt kein Naturgesetz, das einen Anspruch darauf, gedruckt zu werden, formuliert. Es gibt auch keine Garantie für den Erfolg – selbst wenn man gedruckt wird.

Martin Hielscher: Im Maschinenraum der Literatur – der Lektor. Häufig gestellte Fragen zu einem merkwürdigen Beruf. In: Olaf Kutzmutz (Hrsg.): Geld, Ruhm und andere Kleinigkeiten. Autor und Markt – John von Düffel. Wolfenbütteler Akademie-Texte, Band 31. Bundesakademie für kulturelle Bildung, Wolfenbüttel 2007, S. 22 – 26

■ *Lesen Sie den Text und markieren Sie Stellen, die Auskünfte über die Tätigkeit und Funktion eines Lektors geben. Stellen Sie zentrale Stichwörter zusammen.*

Die Agentin

Karin Graf: Im Dienste ihres Autors – die Agentin

Wovon lebt eine Literaturagentin? Von 15 Prozent des Autorenhonorars. Diese Prozente sind aber hoffentlich nicht das Einzige, was Autor und Agentur verbindet. Neben allem Geschäftlichen sehe ich das Verhältnis zwischen Autor und Agent vor allem als ein partnerschaftliches, als eines von Geben und Nehmen. Ein Agent sollte Vertrauen geben, er ist jemand, der neben, vor und hinter dem Autor steht und da ist, wenn er ihn braucht. Was den Autor unter anderem ausmacht, ist das, was uns Agenten fehlt: Wir können nicht schreiben.

Meine Arbeit mit Autoren geht auf meine frühe Begeisterung für alles Geschriebene zurück. Ich habe die Literatur immer geliebt, ich war ein sogenanntes dickes Kind, das gelebt hat in seinen Büchern, das sich versteckt hat hinter den Büchern und durch die Bücher die Welt kennengelernt hat. Es war wie eine Sucht. Wir hatten in der kleinen Stadt, in der ich lebte, zwei Bibliotheken: eine katholische, die sonntags geöffnet war, und eine evangelische, die mittwochs geöffnet war. Ich ging also sonntags und holte mir die Bücher für Sonntag, Montag, Dienstag und mittwochs die für den Rest der Woche. So verbrachte ich meine Schulzeit mit Literatur. Was ich genau wusste, war, dass ich nach der Schule etwas machen wollte, das mit Literatur, Film, Theater zu tun haben sollte. So begann ich mein Studium der Anglistik, Germanistik, Philosophie. [...]

Mitte der 90er-Jahre entschloss ich mich, eine Agentur zu gründen. Sie war damals eine der ersten in Deutschland. Inzwischen gibt es viele, allein in Berlin vier oder fünf, in München sicherlich noch einmal so viele.

Meine Agentur sollte deutschsprachige Autoren vertreten, weil ich merkte, dass viele junge, unbekannte Stimmen zu hören waren, die es schwer hatten, sich auf dem deutschen Markt durchzusetzen. Durch meine Übersetzungsarbeit kannte ich alle Verlage gut, ich kannte die Lektoren, ich kannte die Verlagsprogramme, und ich kannte die Verträge. In dieser Hinsicht bin ich erfahrenen Autoren wie Hans Magnus Enzensberger und Jurek Becker sehr zu Dank verpflichtet, die mir ihre Verträge gezeigt und mit mir darüber geredet haben.

Viele aus der Branche sagten damals: „Vergiss es, man braucht einen großen Markt wie den englischsprachigen, man kann nicht so viele deutsche Bücher verkaufen. Von den 15 Prozent Beteiligung am Autorenhonorar wirst du nie leben können." Es hat rund fünf Jahre gedauert, ehe ich mir ein Gehalt auszahlen konnte. Bis dahin habe ich alles Geld, das ich verdiente, in die Agentur gesteckt.

Mittlerweile vertreten wir rund 120 Autoren, sowohl im Sachbuch als auch in der Belletristik. Wir sind drei Agentinnen. Ich bin verantwortlich für die Belletristik, Rebekka Göpfert macht das Sachbuch. Heinke Hager vertreibt die Film- und Fernsehrechte sowie die Hörbücher und teilt sich mit mir die Geschäftsführung, wobei sie sicher 75 Prozent der Geschäftsführung macht und ich 25. Die Auslandsrechte verkaufen wir meist an die Verlage oder eine andere Agentur, weil wir nicht das Netzwerk haben, im Ausland all die passenden Verlage zu kennen, die die Bücher übersetzen würden. Für die Buchführung und die Verträge ist Susanne Bader zuständig, darüber hinaus haben wir eine Volontärin, die jeweils ein Jahr bleibt, und eine Büroleiterin.

Unsere Agentur kann nicht ewig wachsen; wir könnten nicht einfach 200 oder 250 Autoren vertreten. Erstens wäre nicht mehr gewährleistet, dass sie persönlich betreut werden, und zweitens würde das für uns einen immensen Verwaltungsaufwand bedeuten. Ich müsste noch mehr Leute einstellen und mich damit unter starken Erfolgsdruck stellen. Eine reine Kauffrau möchte ich aber nicht werden. Ich habe das Geschäft auf dem harten Weg gelernt, da ich nie Betriebswirtschaft studiert habe, mich nun aber damit befassen muss. [...]

Seit den 90er-Jahren tritt im Buchhandel zunehmend eine Situation zutage, die der übrige Einzelhandel in Deutschland längst kennt: Erst verschwanden die Lebensmittelläden und danach die kleineren Supermärkte. Nun fährt man zu großen Einkaufshallen am Rande der Stadt, und das ist in unserer Branche wie in vielen weiteren – leider – nicht viel anders. Ein Agent richtet nichts gegen die Gesetze von Kapitalismus und Globalisierung aus, aber kann dem Autor mit seiner Expertise helfen, sich auf dem Markt zurechtzufinden. Er arbeitet wie ein Pfadfinder und sagt: „Hier ist es so, da ist es so, lass uns das vergleichen." Ein Agent kann Verträge anders gestalten als ein einzelner Autor, weil er Herrschaftswissen erwirbt. Wir machen zum Beispiel im Jahr mindestens 100 Verträge mit ungefähr 40 bis 50 Verlagen, sodass wir optimal vergleichen können.

Deshalb betrachten wir uns für den Autor als Dienstleister, den er in der heutigen Verlagslandschaft braucht. Interessant ist, dass uns vor allem junge und neue Autoren beauftragen. Autoren über 50 haben in der Regel nur einen Agenten, wenn sich in ihrem Verlag etwas verändert, wenn er beispielsweise verkauft wird oder der Lektor geht und der Autor sich alleine fühlt. Wir vertreten einige Autoren, die nach den großen Umbrüchen in ihren Häusern zu uns gekommen sind. Unsere jüngste Autorin ist 24, der älteste war ein deutscher Bühnen- und Filmarchitekt, Ken Adam, der mit 80 seine Autobiografie schrieb.

Darüber hinaus steht der Agent als Begleiter und Vertrauter des Autors zur Verfügung. Es gibt Autoren, die kommen mit ihren Manuskripten sehr früh, mit der ersten Skizze, der ersten Idee, den ersten zehn Seiten, und wir reden darüber. Ich begleite dann quasi das Werk. Andere brauchen oder wollen das nicht. Sie kommen erst, wenn das Manuskript fast abgeschlossen ist.

Karin Graf: Im Dienste ihres Autors – die Agentin. In: Olaf Kutzmutz (Hrsg.): Geld, Ruhm und andere Kleinigkeiten. Autor und Markt – John von Düffel. Wolfenbütteler Akademie-Texte, Band 31. Bundesakademie für kulturelle Bildung, Wolfenbüttel 2007, S. 37 – 41

■ *Lesen Sie den Text und markieren Sie Stellen, die Auskünfte über die Tätigkeit und Funktion einer Literaturagentin geben. Stellen Sie zentrale Stichwörter zusammen.*

John von Düffel und die Kritik

Bevor ich meinen ersten Roman schrieb, hatte ich als Theatermacher und Stückeautor viel mehr Erfahrung mit Kritik und Rezensionen als die meisten Debütanten – und zwar mit Rezensionen aller Art, auch solchen, die forderten, mir Berufsverbot zu erteilen. Insofern hatte ich alles erlebt. Theaterkritik habe ich jedoch immer lockerer genommen als die Kritik an einem Roman. Das hat damit zu tun, dass ein Theaterstück kein autonomes Kunstwerk ist. Daran arbeitet ein Regisseur mit, Schauspieler sind beteiligt, es gibt eine Bühne, Kostüme usw. Ein Theaterstück ist ein Gesamtkunstwerk und da wird Schuld eher verschoben. Die einen schreien: „Der Autor ist schuld, der Regisseur ist toll", die anderen sagen: „Der Regisseur ist scheiße, das Stück ist toll". Diese Diffusität kann man als Übungsbad betrachten.

Bei VOM WASSER habe ich die Kritiken sehr persönlich genommen, und die positiven Kritiken waren nicht unbedingt immer jene, die ich am liebsten gelesen habe. Manches Lob traf mich für Dinge, von denen ich glaubte, dass ich sie nicht getan habe. Das gibt ein noch mulmigeres Gefühl, als für Dinge gerühmt zu werden, von denen man denkt, das habe ich doch überhaupt nicht gemeint. Allerdings ist meine Haltung zu Kritiken irgendwann eine Frage des Energiehaushaltes geworden. Nach den meisten Kritiken war ich froh, Schwimmer zu sein, weil mir spätestens nach zwei oder drei Kilometern kraulen egal war, was da gestanden hat. Ich selbst habe zudem ein schlechtes Gedächtnis, aber ich kenne Kollegen, die jetzt noch Kritiken, die sie vor fünfzehn Jahren bekommen haben, zitieren können. So wollte ich nie werden. Deswegen habe ich seit rund drei Jahren mit meiner Frau verabredet, dass nur sie die Kritiken liest. Danach sagt sie mir schlicht: gut oder schlecht. Nur selten passiert es, dass mich angeblich gute Freunde anrufen und sagen: „Hast du das und das gelesen ...? Das ist eine Schweinerei ... lies es bloß nicht, aber es steht da drin ..." Das gibt es auch, aber man bekommt schnell den Tenor einer Kritik mit, und das ist eigentlich alles, was man wissen muss. Die Details schmerzen überflüssig, und deswegen halte ich sie von mir fern.

Aus: „Wenn nicht mehr Zahlen und Figuren"? Richard Kämmerlings im Gespräch mit von Düffel. In: Olaf Kutzmutz (Hrsg.): Geld, Ruhm und andere Kleinigkeiten. Autor und Markt – John von Düffel. Wolfenbütteler Akademie-Texte, Band 31. Wolfenbüttel: Bundesakademie für kulturelle Bildung, Wolfenbüttel 2007, S. 20f.

■ *Fassen Sie mit eigenen Worten zusammen, welche Wirkung Kritik auf John von Düffel hat und wie er damit umgeht.*

■ *Wie wirkt von Düffels Herangehensweise auf Sie? Wie würden Sie an seiner Stelle verfahren?*

Maike Albath: Schicksalsgewoge (Rezension)

John von Düffel erzählt in seinem Roman „Houwelandt" ein Familiendrama

Im Wasser ist John von Düffel in seinem Element. Seit seinem preisgekrönten Début über eine Papierfabrikantendynastie („Vom Wasser", 1999) hat sich der viel beschäftigte Dramaturg und Stückeschreiber einen Namen als amphibischer Schriftsteller gemacht. Weil Schwimmen als Metapher für den Lebenskampf nicht nur thematisch einiges hergab, schob er in Feuilletons und kleinen Glossen („Wasser und andere Welten", 2002) gleich noch ein ästhetisches Programm nach. Die Parallele lag auf der Hand: John von Düffel, selbst ein passionierter Schwimmer, sprach von der Notwendigkeit eines harmonischen Rhythmus, von Kondition, Disziplin und Technik, die man für beide Aktivitäten brauche, und davon, dass man sich sowohl der Sprache als auch dem Wasser anvertrauen müsse. Da mag niemand widersprechen. Aber fehlt nicht irgendetwas? „Houwelandt" heißt sein neues Buch, genau wie die Familie, um die es sich dreht; dumpf grollt schon im Namen das düstere Vermächtnis des Ahnherrn. Der Patriarch Jorge de Houwelandt, ein asketischer Achtzigjähriger und, wie könnte es anders sein, ein Wassersüchtiger, ist der magische Bezugspunkt dieser Familie. Denken, Fühlen, Handeln, nichts scheint außerhalb der väterlichen Koordinaten möglich zu sein; selbst für den erfolgsbesessenen Enkel Christian, der seinen Großvater kaum kennt, sind die Überzeugungen des Alten ein unbewusster Imperativ. Jorge und seine getreue Gattin Esther leben inzwischen auf einer spanischen Insel, wo Jorge täglich seinen Exerzitien nachgehen kann.

Wie ein Mönch übt er sich in der Entbehrung, schwimmt trotz starken Schmerzen jeden Morgen durch die Brandung auf ein Felsenriff hinaus und kokettiert immer wieder mit der Gefahr des Ertrinkens. Die Strenge sich selbst gegenüber spiegelt sich in den Beziehungen zu seiner Frau und seinen Kindern: Kälte, Unnachgiebigkeit und Unterdrückung charakterisieren sein Verhalten. Aber Patriarchen altern, und sein bevorstehender achtzigster Geburtstag ist für die unterwürfige Ehefrau ein willkommener Anlass, selbst einmal etwas in die Hand zu nehmen: Sie plant ein großes Geburtstagsfest auf dem Familiensitz in Norddeutschland, der mittlerweile von Thomas, ihrem ältesten Sohn und Christians Vater, verwaltet wird, und bricht auf eigene Faust nach Hause auf. Sobald die Vorbereitungen vollendet sind, soll der Jubilar nachreisen: Ein glanzvolles Fest im Kreis seiner vereinten Familie wird ihn erwarten. [...]

Es kommt natürlich alles ganz anders. Der Geburtstag wird zu einer Art Katalysator. Sämtliche Kränkungen werden ans Licht gezerrt, die Bindungen überprüft, die Verwerfungen rekapituliert. Als Theaterautor weiß von Düffel, dass die Dynamik in den unterschiedlichen Perspektiven steckt: Er agiert mit einer Erzählerstimme, die wechselweise Jorge, seiner Frau Esther, dem Erstgeborenen Thomas und dem Enkel Christian über die Schulter schielt. Lebenslügen, verzerrte Wahrnehmungen und ideologische Verkrustungen lassen sich auf diese Weise bequem aufdecken. Aber die Zuspitzung bleibt konventionell, die Tonlage lau, von atmosphärischer Verdichtung keine Spur. Erkenne dich selbst, versöhne dich mit deiner Herkunft, stehe zu deinen Eigenschaften – es wimmelt von winkenden Zaunpfählen. Die Botschaft ist klar, die Figurenführung eindeutig, und am Ende hat jeder etwas gelernt. Haben wir es mit einem Psychotherapeuten-Roman zu tun?

Die Antwort lautet: Leider ja. Prägungen über Generationen hinweg, Traumatisierungen, die sich bis in die Lebensentwürfe der Enkel fortschreiben, und Zerwürfnisse zwischen Vätern und Söhnen sind ein großartiges Thema, aber wenn es so harmlos instrumentiert wird, bekommt es die Aura einer Vorabendserie. Natürlich schreibt von Düffel so flüssig, wie er schwimmt, nur nützt es nichts. Das Ganze ist viel zu geschwätzig, effekthascherisch und eindimensional. Auch die durchtrainierte Sprache weist Kitschspuren auf: Da „faltet" das Meer „die flüssigen Finger", und von Christian heisst es, „er war zum Leben konvertiert". Generationsgenossen wie Jonathan Franzen oder Richard Powers haben das Potenzial groß angelegter Familienporträts gerade wieder unter Beweis gestellt. Es braucht allerdings mehr als gekonnte Rhetorik.

Erschienen in der „Neuen Zürcher Zeitung" am 20./21.11.2011. Mit freundlicher Genehmigung der Neuen Zürcher Zeitung

- *Arbeiten Sie die Rezension zu „Houwelandt" durch. Gliedern Sie sie und unterstreichen Sie zentrale Textstellen.*
- *Prüfen Sie die Vorgehensweise der Autorin und erstellen Sie anhand des Textes eine Checkliste zur Erstellung einer Literaturkritik, an der sie sich orientieren können. Worauf müssen Sie achten, wenn Sie eine Kritik schreiben?*

Christiane Florin: Wasser ist dicker als Blut (Rezension)

Familienbande – John von Düffel porträtiert eine ungemütliche Keimzelle der Gesellschaft

John von Düffel ist in seinem Element. „Vom Wasser" hieß sein erster Erfolgsroman, vom Wasser handelt auch das neueste Buch des leidenschaftlichen Schwimmers. Das Element quält, belebt, trägt, verschlingt, strömt, tröpfelt, suggeriert Ewigkeit und Vergänglichkeit. An der Oberfläche geht es in „Houwelandt" um die Vorbereitung einer Familienfeier. Patriarch Jorge, der in Spanien lebt, wird 80. Seine Frau Esther möchte gegen seinen Willen ein Sippentreffen in Deutschland organisieren. Das soll Sohn Thomas vorbereiten. Wer Jonathan Franzens „Die Korrekturen" kennt, ahnt, dass dieses Vorhaben sich nicht in Hummersüppchen, Chardonnay und anderem Wellengekräusel erschöpfen wird.

Die Vorstellung vom gleichmäßigen Strom der Generationen trügt. Aus der Psycho-Binsenweisheit, Familie sei das Beste und Schlimmste, was einem Kind passieren kann, macht von Düffel eine aufwühlende Geschichte. Sein „Houwelandt"-H_2O dümpelt mal als trübe Brühe vor sich hin, mal schäumt es als Gischt: Thomas ist mit dem Wort Stammhalter falsch gekennzeichnet. Zu einer Visitenkarte, die der Vater stolz herumreichen könnte, hat er es nie gebracht. Von seiner Frau lebt er getrennt, das Verhältnis zu seinem Erzeuger ist vereist. Seinen Sohn Christian hat er von Jorge ferngehalten. Trotz der ungemütlichen Keimzeller träumt Christian davon, den Genfluss in Gang zu halten und selbst Vater zu werden.

Nach und nach, aus wechselnden Perspektiven, spült die Geschichte die größte Klippe frei: Jorge. Ein Familienidyll hätte ihm die Rolle des Felses in der Brandung zugedacht, doch dieser Großvater hat davon nur die Härte. Mel Gibsons Peitschen-Passion hätte ihm gewiss gefallen. Jorge schindet sich, quält den Sohn und sucht, weil Thomas versagt, an Spaniens Küste einen Ersatzsprössling für seine Abhärtungsfantasien. Esther fügt sich in die Rolle der duldsamen Gattin: „Jorge blieb Esther all die Jahre unerbittlich treu. Es war das, was er am besten konnte: Versuchungen widerstehen, Schwachheiten ausmerzen. Doch die Liebe erlöste ihn zu keiner Zeit."

Blut ist dicker als Wasser. Noch so eine Binse, die elegant einfließt. Je mehr der Großvater die Körperflüssigkeit des Lesers in den Adern gefrieren lässt, desto mehr wärmen Thomas und Christian, Vater und Sohn, einander. Dass der Autor „Buddenbrooks"-Namen wählt, zeugt von Selbstbewusstsein. Immerhin hatte Thomas Mann Luft für mehr als 316 Seiten. Doch von Düffel macht den prominenten Figuren keine Schande. Er packt den Leser mit einer kraftvollen, präzisen Sprache. Nach all den lakonischen, banalen, metaphernbemühten Werken ungefähr gleichaltriger Kolleginnen und Kollegen ist „Houwelandt" ein Erfrischungsbad.

In: Rheinischer Merkur, Nr. 41, 7.10.2004, S. 7

- *Arbeiten Sie die Rezension zu „Houwelandt" durch. Gliedern Sie sie und unterstreichen Sie zentrale Textstellen.*
- *Prüfen Sie die Vorgehensweise der Autorin und erstellen Sie anhand des Textes eine Checkliste zur Erstellung einer Literaturkritik, an der Sie sich orientieren können. Worauf müssen Sie achten, wenn Sie eine Kritik schreiben?*

Was ist Kritik und wozu wird kritisiert?

Man kann den Begriff „Literaturkritik" weit oder eng bestimmen. Eine weite Bestimmung findet sich im *Reallexikon der deutschen Literaturwissenschaft*.
„Literaturkritik ist jede Art kommentierende, urtei-
5 lende, denunzierende, werbende, auch klassifizie-rend-orientierende Äußerung über Literatur, d. h. was jeweils als ‚Literatur' gilt."

Literaturkritik wäre dann zum Beispiel:
- eine Besprechung des neuen Romans von Paul
10 Auster in der Zeitung,
- das, was mir mein Brieffreund aus New York über diesen Roman schreibt,
- die Meinung eines Klassenkameraden,
- mein Kauf des Romans in der Buchhandlung,
15 - das, was ich mir in meinem „Bücher-Tagebuch" nach der Lektüre der ersten 50 Seiten notiere,
- die Tatsache, dass ich das Buch kurz darauf gelangweilt weglege.

Mit anderen Worten: „Literaturkritik" wäre dann
20 nichts anderes als „Literarische Wertung". Daher wird der **Begriff Literaturkritik** üblicherweise enger gefasst:
„Literaturkritik" meint heute in der deutschsprachigen Kultur meist die informierende, interpretie-
25 rende und wertende Auseinandersetzung mit vorrangig neu erschienener Literatur und zeitgenössischen Autoren in den Massenmedien.
Was die „echte", d. h. professionelle Literaturkritik demnach von privaten Gesprächen und Urteilen
30 über Bücher und Autoren unterscheidet, ist zunächst, dass sie **öffentlich** stattfindet, also **von einem Medium veröffentlicht wird**. Medien, das sind Zeitungen und Zeitschriften, der Rundfunk und das Fernsehen sowie das Internet.
35 Der deutsche Wortgebrauch unterscheidet sich etwas von dem in anderen Ländern. In den angelsächsischen Ländern oder in Frankreich bedeuten *literary criticism* bzw. *critique litteraire* nicht nur (wie im deutschsprachigen Raum) die in den Massenmedien veröffentlichte Auseinandersetzung mit Literatur, 40 sondern ebenso die wissenschaftliche Beschäftigung mit Literatur an der Universität. Im deutschsprachigen Raum dagegen werden Literaturkritik und -wissenschaft begrifflich stärker unterschieden.
Die zitierte Definition weist bereits darauf hin, dass 45 der Institution der Literaturkritik **verschiedene Funktionen** zukommen; genannt werden Informieren, Interpretieren und Werten. Diese Funktionen sind die Aufgaben der Kritik innerhalb des Literatur- und Kulturbetriebs. Aus Sicht von Kultur und Gesell- 50 schaft gibt es einen Bedarf nach einer Institution, die diese Aufgaben erfüllt. Solange dieser Bedarf besteht oder er nicht anderweitig gedeckt wird, hat die Literaturkritik in ihrer jetzigen Form ihre Existenzberechtigung. 55

Die zehn Funktionen der Literaturkritik
- informierende Orientierungsfunktion
- Selektionsfunktion
- didaktisch-vermittelnde Funktion für das Publikum 60
- didaktisch-sanktionierende Funktion für Literaturproduzenten (Autoren, Verlage)
- reflexions- und kommunikationsstimulierende Funktion
- Erinnerungsfunktion 65
- Unterhaltungsfunktion
- Werbefunktion
- wissenspopularisierende Funktion
- politische Funktion

Aus: Oliver Pfohlmann: Literaturkritik und literarische Wertung. Hollfeld: Bange Verlag 2008, S. 55 f.

■ *Welche Funktionen der Literaturkritik erscheinen Ihnen besonders wichtig oder fragwürdig?*

Heike Kuhn: Die Lesbarmachung

Der Dokumentarfilmer Jörg Adolph hat den Schriftsteller John von Düffel bei der Produktion seines neuen Buches begleitet: „Houwelandt – Ein Roman entsteht"

John von Düffel, geboren 1966, wurde 1998 mit seinem Debütroman *Vom Wasser* bekannt. Er erhielt den Ernst-Willner-Preis in Klagenfurt und den *aspekte*-Literaturpreis.

Jörg Adolph, geboren 1967, wurde 2001 mit seinem Abschlussfilm *Klein, schnell und außer Kontrolle* mit dem deutschen Fernsehpreis ausgezeichnet. Bei den Dreharbeiten zu einem Dokumentarfilm über Kanalschwimmer lernte er den Schriftsteller und passionierten Schwimmer John von Düffel kennen. Der Schriftsteller erzählte von seinem neuen Buch. Es muss ein gutes Gespräch gewesen sein, denn Adolph erfuhr, dass von Düffel von diesem Buch seine Zukunft abhängig mache. Seine letzten Werke hatten dem Erfolg seines Debüts nicht standgehalten. Diesmal müsse es sich beweisen, ob er ein Autor mit gelegentlichen Geistesblitzen sei, oder ein Schriftsteller, der mit seinem Werk wachse. Jörg Adolph begriff die Dramatik dieser Sätze. Er erkannte in dem Versuch der Selbstbehauptung und dem Mut zum Scheitern den Stoff für großes Kino: dokumentarisches Kino. 17 Monate lang verfolgte er einen Prozess, der mit dem Begriff von der „Entstehung eines Romans" nur unzureichend beschrieben ist. Sein Film füllt die Lücken auf ebenso liebevolle wie analytische Art und Weise.

Die Digikamera auf dem Bügelbrett

Wo der Dokumentarist nicht anwesend sein kann, lässt er sich in seinem Film durch eine kleine Digitalkamera vertreten, die John von Düffel auf dem Bügelbrett neben seinem Schreibtisch aufbaute, gestützt durch ein Buch, versteht sich. Am Anfang von Adolphs Film ist die Kamera ein Ausrufezeichen. „Achtung, Aufnahme", das bildet sich in den Augen des Schriftstellers ab, der sich müht, mit dem Ding zu sprechen. Er habe keine Angst, erklärt von Düffel der Kamera, es handele sich um die beste Geschichte, die er erzählen könne; so gut er es eben vermöge. Aus dieser Bescheidenheit spricht die Vorsicht. Die Kamera ist ein Verräter, ein Spion, ein Besserwisser, der einen für alle Zeiten auf die eigenen Aussagen beschränkt. Auf dem Bildschirm des Schriftstellers werden erste Familienkonstellationen offenbar, Namen, die zu Charakteren werden sollen: Jorge de Houwelandt, der übergriffige Patriarch, Thomas, sein machtlos leidender Sohn, Christian, der Enkel, dem wiederum die Schwäche seines Vaters zusetzt.

Der Film macht einen Sprung ins Verlagshaus DuMont. Der Verleger Dr. Gottfried Honnefelder findet die ersten fünfzig Seiten wunderbar. Der Lektor Christian Döring ist elektrisiert. Was kann jetzt noch schiefgehen? Höchstens, dass alle an das glorreiche Debüt des Schriftstellers denken und ihn auf ewig daran messen.

Der Filmemacher folgt dem Schriftsteller beim Joggen und sieht ihn in seinen Lieblingssee eintauchen. Unmerklich stellt sich Nähe ein. Auch die Kamera auf dem Bügelbrett bekommt allmählich Unverstellteres zu sehen. Einmal erklärt der Dichter, warum er die Verdichtung des Schreibens der nüchternen Realität vorziehe. Er brauche die fiktionale Ebene, um die Wirklichkeit interessant werden zu lassen. Das ist seine Kunst. Adolphs Kunst besteht genau in der Umkehrung dieses Vorgangs. Der Schriftsteller, der schriftstellernd in Cafés und Zügen sitzt, der grübelt und für viele Worte seines Textes vorsichtshalber gleich eine Alternative in Klammern schreibt, eröffnet mitten in seiner Wirklichkeit ein neues Feld der Wahrnehmung: den Menschen im Übergang des Denkens, die Brücke zur Fantasie.

Das allein ist schon bewundernswert. Aber es kommt noch besser. Etwa in der dreißigsten Filmminute – Monate sind vergangen, in denen es auch Schreibhemmungen und Brotarbeit als Dramaturg beim Thalia-Theater gab – ist das Buch geschrieben. Fertig ist es noch lange nicht. Der Lektor mag den Titel nicht („Nehmen Sie doch den Titel ‚Die Familienumarmung'."). Die Umschlaggestalter verzweifeln. Auch in diesem Buch geht es ums Wasser, aber darauf soll der Schriftsteller nicht für alle Zeiten festgelegt werden. Wie wäre es, wenn man auf dem Umschlag den Kopf eines alten Mannes zeige, der im Wasser untergeht? Von Düffel findet das „zu ironisch". Der alte Mann wirke nicht wie ein Schwimmer; er sei nicht einmal nass. Details bekommen kosmische Dimensionen. „Der Prozess der Lesbarmachung", sagt von Düffel der Digitalkamera, „ist nur ein Prozess, der daraufhin steuert, das Ganze zu einem Buch zu machen." Wie soll es ihm gegenüber dem mächtigen Lektorat gelingen, die Sperrigkeit seiner Figuren zu erhalten, sie nicht gefällig abschmecken zu müssen? In einem schönen Text zum Film hat von Düffel festgehalten, wie die Digitalkamera allmählich sein „Kummerkasten, seine elektronische Klagemauer" und, frei nach Beckett, sein „letztes Band" geworden sei.

Schließlich: der Erfolg

Aber das ändert nichts an der Selbstbeherrschung, die er braucht, um die Schlimmverbesserungen des Lektorats – bisweilen auch Verbesserungen –, die Worthülsen der Marketingberater, die Notwendigkeit, aus Literatur ein Produkt zu machen, zu überstehen. Letztlich geschieht alles zu seinem Besten. Weh tut es dennoch. Der Verleger trommelt die Verlagsvertreter zusammen und möchte von jedem zwei Sätze hören. Zwei Sätze über ein 300 Seiten langes Buch, die den ersten Eindruck der Buchhändler prägen und den Absatz garantieren. Der Verleger ist in diesem Moment ein Zerrspiegel des im Buch vorkommenden Patriarchen. Die Verlagsfamilie wird auf die Rede eingeschworen, die es über den Schriftsteller zu schwingen gilt. Die Presse muss beeindruckt werden. Der Lebensgefährtin, die unendlich geduldig am Rand vorkommt, widmet von Düffel das erste druckfrische Exemplar. Die Widmung entzieht sich der Kamera. Die Lebensgefährtin lacht. Das Glück ist zum Greifen nahe.

Schließlich: der Erfolg. Elke Heidenreich hat dank der beharrlichen Leiterin der verlagseigenen Presseagentur das Buch gelesen. Es steigt auf in den Himmel der *Spiegel*-Bestseller-Liste. Der Schriftsteller hat die Prüfung überstanden und geht auf Lese-Tour. Hotels, Signierstunde, Unsicherheit, Routine, die Ablösung von den Romanfiguren, mit denen er jahrelang seinen Kopf geteilt hat. Kritiken, gute und schlechte. Tage, gute und schlechte. Von Düffels Ehrlichkeit, seine Fähigkeit zu Selbstgenuss und Selbstironie ist beeindruckend. Wer Literatur liebt, wird in diesem einzigartigen Film verstehen, dass Liebe Besessenheit, Pedanterie, Zweifel, Perfektionswahn und Manipulation einschließt. Und dass doch alles auf Hingabe beruht.

In: Frankfurter Rundschau vom 14. September 2006

Iris Radisch:
Die elementare Struktur der Verwandtschaft

Seine Majestät, das Ich, hatte viele Jahre die Alleinherrschaft über den deutschen Roman. Nicht nur zu seinem Vorteil. Jetzt kehrt mit aller Macht die Familie in den Fokus zurück. Und der Abschied vom Ich muss niemandem leidtun.

Das Verhältnis zwischen den Generationen ist wieder zu einem beliebten Thema im deutschen Roman geworden.

Es war einmal, und es ist noch gar nicht so lange her, da war die Stimmung in den deutschen Romanen eisig. Das hatte etwas mit den Frösten der Freiheit zu tun. Damals nahm der deutsche Romanheld „Abschied von den Eltern", wie eine berühmte Erzählung von Peter Weiss aus dem Jahr 1961 heißt.

Die Pioniere dieser literarischen Mode waren die Kinder des Existenzialismus. Es waren elternlose Junggesellen wie der Fremde von Albert Camus und der Einzelgänger von Eugène Ionescu. Bald darauf inszenierte sich die Gruppe 47 als herkunftslose Jugend, die auf den Ruinen der Väter bei null wieder anzufangen glaubte, mit nichts als einer Mütze, einem Mantel und einer Pfeife im Mundwinkel. Peter Weiss' Erzählung endete mit den Worten: „Ich war auf dem Weg, auf der Suche nach dem eigenen Leben."

Der Selbstentwurf der ersten Nachkriegsgeneration als eine abstammungslose Ansammlung von Monaden ist einer der erfolgreichsten Gründungsmythen der Bundesrepublik. Der nomadisierende Einzelgänger war der literarische Lieblingsheld der aufstrebenden bundesdeutschen Angestelltengesellschaft. Wenn es stimmt, dass jede Zeit ihre eigenen Märchen braucht, dann lieferte die Monaden-Literatur den passenden Begleittext zur expandierenden Privatwirtschaft. Ihre Lieblingsschriftsteller waren der junge Peter Handke und der junge Botho Strauß, deren genialische Helden so vereinsamt waren, dass ihnen schon das nächtliche Knacken der Kühlerhauben von geparkten Autos tröstlich erschien. Der frostige Zauber, den diese Elfenbeinbewohner in ihren Romanen verbreiteten, umflorte die reale Einsamkeit einer künftigen Singlegesellschaft, die zielstrebig dabei war, auf eine großstädtische Scheidungsrate von 50 Prozent zuzusteuern.

Nachdem in jenen nun schon fernen Zeiten solcherart der Schlussstrich unter die Vergangenheit gezogen war, schien auch der Familienroman ein natürliches Ende gefunden zu haben. Seither gab es ihn, der ursprünglich dazu bestimmt war, der Selbstverständigung der bürgerlichen Gesellschaft zu Diensten zu sein, allenfalls noch in der Schrumpfform der Anti-Väter-Romane (seltener der Anti-Mütter-Romane). In ihnen brachte der moralisch überlegene einsame Nachkriegsheld die Väter, die im Leben den Weg von der Wehrmacht zum Wirtschaftswunder anstandslos bewältigt hatten, im literarischen Wohnzimmergerichtshof nachträglich zu Fall.

All das ist vorbei. Die Väter und Mütter, mit denen so lange eifrig abgerechnet wurde, sind tot und womöglich in der Hölle, in die sie ihr Nachwuchs schon zu Lebzeiten gewünscht hat. Aus den Söhnen und Töchtern, deren Zorn die junge bundesdeutsche Literatur in Atem hielt, sind friedliche, wohlversorgte Rentner geworden. Ihre ehemals wilden Abrechnungsromane versetzen nur noch die Literaturgeschichtsschreiber in Wallung (obwohl Fritz Mars' Wutausbruch *Zorn* und Guntram Vespers Roman *Die Reise* wirklich gute Bücher sind).

Jetzt sind die Enkel am Zug. Und machen einen Salto rückwärts. Drei der aufsehenerregenden Romane dieses Literaturherbstes sind Generationenromane alter Schule.

Sie sind geschrieben von drei männlichen Romandebütanten jenseits der 50. Der Schauspieler und Landwirt Josef Bierbichler (Jahrgang 1948), der Filmregisseur Oskar Roehler (Jahrgang 1959) und der Drehbuchautor Eugen Ruge (Jahrgang 1954) haben autobiografische Familienromane geschrieben, in denen sie ihre Vorfahren nicht zur Rechenschaft ziehen, sondern sich einreihen in die patrilineare Dreieinigkeit aus Großvater, Vater und Sohn. Die stolze Vaterlosigkeit, aus der die Autoren der alten Bundesrepublik ihr Kapital machten, ist einer Sehnsucht nach genealogischer Kontinuität gewichen. Das einsame Ich, vor wenigen Jahrzehnten noch der melancholische Alleinernährer des deutschen Gegenwartsromans, ist seiner überlegenen Einsamkeit müde geworden und sucht nach seinem verlorenen Schatten: seiner Herkunft.

Man kann es ihm nachfühlen. In einer Gegenwart, die alles pulverisiert, was ihr zu nahe kommt, ist die Familienchronik oder der Heimatfilm, wie der legendäre von Edgar Reitz, ein widerständiger Anachronismus. Der vom Selbstverwirklichungswahn seiner 68er-Eltern traumatisierte Ich-Erzähler in Oskar Roehlers Roman *Herkunft* sucht Schutz bei der Genealogie wie der kleine Oskar Matzerath unter den Röcken der kaschubischen Matronen. „Ich trug etwas in mir, außerhalb meiner Lebenserfahrung", heißt seine Erfolgsmeldung am Ende der langen und entbehrungsreichen literarischen Rückkehr in den Schoß des Herkommens, die dieser Roman unternimmt. „Es lag in den Genen, ich spürte es ganz genau. Es gab da etwas, außerhalb von mir, das Schutz und weit entfernte Sicherheit bot."

Die schreibenden Enkel nähern sich wieder den Großvätern

Eine so wohlwollende Darstellung der Familie und des Familienzusammenhalts hat es sonst nur im Fernsehen gegeben. In der deutschen Literatur war so viel Freundlichkeit nach Walter Kempowski selten. Doch nun ist die Familie bei Oskar Roehler sogar eine genetisch geschützte Überlebensnische und das Objekt einer heißen kindlichen Sehnsucht. Im bäuerlichen Familienpanorama Josef Bierbichlers ist sie der unangreifbare Souverän. Und auch im vielstimmigen Familienporträt Eugen Ruges (ZEIT Nr. 36/11) ist sie durch das Ableben ihres Wirtstieres, der DDR, in diesem speziellen Fall schwer angeschlagen, doch literarisch gerettet.

Roehlers Buch schließt Frieden über uralte Gräben hinweg. Sein Held hadert zwar mit den Eltern. Mit seinem Vater Rolf, der die Mutter vor den Augen des Kindes „auf der neuen Siemens-Waschmaschine vögelt" und die RAF-Kasse umsichtiger als seinen Sohn betreut. Und mit seiner exzentrischen Schriftsteller-Mutter, die lieber vor der Gruppe 47 als im Kinderzimmer tätig wird. Doch findet er Halt und Geborgenheit bei seinem Nazi-Opa Erich, der „ausspuckt, wenn er das Wort Bundesrepublik hört", und sein Leben im Wesentlichen allein mit seinen Briefmarken aus dem Deutschen Reich verbringt, aber in seinem Eigenheim, mit seinem Opel Rekord vor der Tür und der stummen Frau in der Küche genau das Aroma unerschütterlicher Verlässlichkeit verströmt, das ein Opfer linker Verwahrlosung braucht.

Nachdem die realen Zeitzeugen des Zweiten Weltkrieges beinahe restlos verschwunden sind, nähern sich die schreibenden Enkel wieder ihren Großvätern, indem sie gerade jene Sekundärtugenden neu bewerten, die ihre Väter zur Verzweiflung brachten: die reflexionslose Zähigkeit, die Stehauf-Qualitäten, das Immer-weiter-Machen, ohne Rücksicht auf sich selbst und auf andere. Opa Erich produziert Gartenzwerge und interessiert sich vor allem für Briefmarken. Vater Rolf produziert Bücher und interessiert sich vor allem für Sex. Der Held unserer Zeit heißt neuerdings wieder Opa Erich.

Nicht nur Oskar Roehler, auch Michel Houellebecq und alle anderen vom Selbstverwirklichungsbestreben ihrer Eltern verstörten Kinder der zweiten Nachkriegsgeneration wären für einen solchen soliden Briefmarken-Opa dankbar gewesen, mit dem sie nicht nur Omas Abendbrotschnitten, sondern auch ein paar grundsätzliche Ansichten über die westeuropäischen Emanzipationsbewegungen teilen: Das „Gesocks, das ständig Veränderung will", die Körner-und-Gemüse-Fresser, die Topflappenhäkler, die langhaarigen Jesuslatschenträger, die durch verkehrsberuhigte Straßen schlurfen – die gehören, so psalmodiert Roehlers Alter Ego, „die Müllkippe der Geschichte heruntergespült". Leider schlägt der ideologische Furor Roehlers nicht auf die sprachliche Ausgestaltung seines Romans durch, der viel Konfektion und einiges sprachliches Ungeschick bietet in der Art von: „Der Sommer war meine Heimat. In ihm tummelte sich mein Körper." Die Stärke des Buches liegt in seiner leidenschaftlichen Entschiedenheit, mit der es sich von den Sehnsüchten der linksintellektuellen Bundesrepublik verabschiedet, und in der schutzlosen Offenheit, mit der es seinen regressiven und restaurativen Träumen folgt.

Roehlers Versuch, in seinen Eltern, der Schriftstellerin Gisela Elsner und dem Lektor Klaus Roehler, zwei Protagonisten des linken bundesdeutschen Establishments zu porträtieren, provoziert Vergleiche mit dem Vaterporträt von Eugen Ruge, als dessen Vorbild Ruges Vater, der Historiker Walter Ruge, gelten darf, seinerseits ein bekannter Protagonist des intellektuellen DDR-Establishments. Doch anders als Roehler, der sich von seinen prominenten Eltern tief enttäuscht zeigt, gibt Ruge wenig auf die weltanschaulichen Verirrungen seines Romanvaters, dessen im Gulag erprobte Zähigkeit und Überlebenskraft die Familie zusammenhalten. Während Roehler unter Auslassung der Eltern und vielleicht sogar stellvertretend für diese eine Versöhnung mit der Kriegsgeneration ins Werk setzt, zielt das feiner und komplizierter orchestrierte Buch von Ruge auf die Eröffnung eines gemeinsamen literarischen Erinnerungsraumes jenseits von Schuld und Sühne.

Die Entspannungssignale, die von diesen Büchern ausgehen, sind nicht zu überhören. Sie übertreffen alles, was an Wiederversöhnungsbereitschaft in den vergangenen Jahren in Familienromanen wie Ulla Hahns *Unscharfe Bilder*, Dieter Fortes *Das Haus auf meinen Schultern*, Dagmar Leupolds *Nach den Kriegen* oder Stephan Wackwitz' *Ein unsichtbares Land* aufgebracht wurde. Und sie verschaffen den unter der Monadenhaftigkeit des modernen Lebens Darbenden, wenn auch nur auf dem Papier und für den Augenblick des Erzählens, die Illusion von Zugehörigkeit und neu gestiftetem Zusammenhang.

Die verzweigten Niederungen des Familienlebens werden kartografiert

Auch die sprachwuchtige Familienchronik von Josef Bierbichler erzählt von einer Familie, die es am Ende des Buches nicht mehr geben wird. Das Geschlecht der „Seewirte", die Generation um Generation ihr Erbe angetreten und den Seegasthof weitergeführt haben, wird mit dem Enkel zu Ende gehen, von dem zu befürchten ist, dass er den Seegasthof nicht mehr standesgemäß weiterführen wird. Denn der Enkel, ein Kind der Wohlstandsgesellschaft und Profiteur des aufkommenden Fremdenverkehrs, hat die höhere katholische Schule besucht, wo er zwar, wie zu erwarten, vom „mönchlerischen Sperma" gequält, aber auch mit dem verderberischen Selbstverwirklichungsgedanken angesteckt wurde. Und wo dieser ausbricht, ist das Familienerbe in Gefahr. „Der Ich-Gedanke", sagt Bierbichler im Interview in seinem Gasthaus am Starnberger See, in dem er selbst ohne Familie wie ein letzter Buddenbrook lebt, „war den Bauern ganz fremd."

Auch dieses Buch, das aus einer Breughel'schen Wimmelperspektive erzählt, in der alles und jeder wichtig und unwichtig zugleich wird, will das moderne Ich und seine Zentralperspektive nicht kennen. Großvater, Vater und Sohn stehen wie ein Mann auf einer Zeitachse, die unverrückbar zu sein schien, bevor sie zerbrach. Der Roman geht noch einmal vor diese Bruchstelle zurück und erzählt von der Familie als einem lebendigen Organismus, in dem keiner für sich allein und jeder nur für den anderen ist, wer er ist, und tut, was er tut.

Dass Fortschritt auch Rückschritt bedeutet und dass, wer „mittelreich" geworden ist, arm dran sein kann, sind zwei der antimodernistischen Pointen des Romans, der sich aber wegen seines überschießenden Kunstidioms und seiner surrealen Drastik jeder weiter gehenden literatursoziologischen Kaffeesatzleserei widersetzt.

Heimatromane sollte man Generationenbücher wie diese nicht nennen. Zumindest nicht, wenn Heimatroman bedeutet, dass hier literarisch etwas zu Behaglichkeitszwecken simuliert würde, was man in Wahrheit schmerzlich vermisst. Im Gegenteil: Wenn in diesen Büchern vom Familienleben erzählt wird, so geschieht dies kaum zu Propagandazwecken, sondern nur, um uns daran zu erinnern, dass man den elementaren Strukturen der Verwandtschaft genauso wenig entkommt wie dem Atemholen. Beides vollzieht sich, ganz egal, ob es gefällt oder nicht.

Von Tolstoj stammt das vielfach abgegriffene Wort, dass alle glücklichen Familien sich glichen, die unglücklichen jedoch jede auf ihre Art unglücklich seien. Bisher wurde es immer zustimmend zitiert. Inzwischen dämmert uns, um welche Überschätzung des Unglücks es sich hierbei handelt. Erst wenn man anfängt, die verzweigten Niederungen des Familienlebens zu kartografieren, gewinnt man eine Ahnung von der Kompliziertheit und Gewöhnlichkeit dieses Glücks, das so lange zu Unrecht in einem schlechten Ruf stand.

ZEIT Online, 11.10.2011

Vorschläge für Klausuren, Referate und Facharbeiten zum Roman „Houwelandt"

Klausurvorschläge

1. Analysieren und interpretieren Sie die Textpassage S. 153–154 („Zu den Exerzitien [...]" bis „Den Sonnenaufgang versäumte er nie").
Zeigen Sie davon ausgehend die Bedeutung des Schmerzes für die Figur Jorge de Houwelandt auf und stellen Sie dies in einen Zusammenhang mit Jorges Charakter.
Gründen Sie Ihre Überlegungen auf ausgewählte Textstellen.

2. Analysieren und interpretieren Sie die Textpassage S. 162–163 („Fast hätte er sich in den Spiegelfenstern des Bürogebäudes nicht erkannt" bis „Selbst wenn er die Rede nicht hielt.").
Charakterisieren Sie Thomas de Houwelandt ausgehend von dieser Textstelle und erläutern Sie die Bedeutung, die ihr für die Entwicklung der Figur zukommt.

3. Thomas de Houwelandt erwähnt auf S. 89 einen möglichen „gemeinsamen Nenner" der de Houwelandts, „eine Art Familiennenner, eine alle Generationen umfassende Matrix". Zeigen Sie anhand der männlichen Linie der de Houwelandts (Jorge, Thomas und Christian) auf, worin dieser Familiennenner bestehen könnte. Ziehen Sie ausgewählte Textstellen zur Begründung Ihrer Ausführungen heran.

4. Erläutern Sie in einer vergleichenden Betrachtung die Bedeutung der Familienwohnsitze „Hundehütte" und „Hohen Cremmen" in „Houwelandt" und „Effi Briest" (Arbeitsblatt 22, S. 74). Beziehen Sie sich dabei auf konkrete Textstellen.

Referate/Facharbeiten

1. „Familienfeste und andere Katastrophen": Das Familienfest als kulturelle Praxis (z. B. historische Hintergründe, kulturelle Unterschiede, gesellschaftliche und individuelle Bedeutung)

2. „Houwelandt – Ein Roman entsteht": Ein Film von Jörg Adolph (z. B. Hintergründe zum Film, Vorstellung des Films, Auswahl von Sequenzen, Entwicklung von Leitfragen und Moderation der Diskussion)

3. John von Düffel: „Vom Wasser" (Buchvorstellung und Vergleich mit „Houwelandt")

4. John von Düffel als Dramatiker (Einführung in von Düffels Arbeit am Theater, Vorstellung von Theaterstücken)

EinFach Deutsch
Unterrichtsmodelle

Herausgegeben von Johannes Diekhans

Ausgewählte Titel der Reihe:

Unterrichtsmodelle – Klassen 5–7

Germanische und deutsche Sagen
91 S., DIN A4, kart. Best.-Nr. 022337

Otfried Preußler: Krabat
131 S., DIN A4, kart. Best.-Nr. 022331

Unterrichtsmodelle – Klassen 8–10

Gottfried Keller: Kleider machen Leute
64 S., DIN A4, geh. Best.-Nr. 022326

Das Tagebuch der Anne Frank
112 S., DIN A4, kart. Best.-Nr. 022272

Friedrich Schiller: Wilhelm Tell
90 S., DIN A4, geh. Best.-Nr. 022301

Unterrichtsmodelle – Gymnasiale Oberstufe

Das Nibelungenlied
178 S., DIN A4, kart. Best.-Nr. 022437

Mittelalter
122 S., DIN A4, kart. Best.-Nr. 022377

Barock
152 S., DIN A4, kart. Best.-Nr. 022418

Zeitalter der Aufklärung
198 S., DIN A4, kart. Best.-Nr. 022330

Romantik
155 S., DIN A4, kart. Best.-Nr. 022382

Literatur vom Vormärz bis zur Jahrhundertwende
202 S., DIN A4, kart. Best.-Nr. 022435

Expressionismus
141 S., DIN A4, kart. Best.-Nr. 022384

Liebeslyrik
244 S., DIN A4, kart. Best.-Nr. 022381

Lyrik nach 1945
191 S., DIN A4, kart. Best.-Nr. 022379

Literatur seit 1945
197 S., DIN A4, kart. Best.-Nr. 022386

Klassische Kurzgeschichten
170 S., DIN A4, kart. Best.-Nr. 022402

Die Kurzgeschichte auf dem Weg ins 21. Jahrhundert
132 S., DIN A4, kart. Best.-Nr. 022396

Die Stadt
190 S., DIN A4, kart. Best.-Nr. 022390

Kommunikation
109 S., DIN A4, kart. Best.-Nr. 022371

Rhetorik
131 S., DIN A4, kart. Best.-Nr. 022411

Sprache – Denken – (Medien-)Wirklichkeit
262 S., DIN A4, kart. Best.-Nr. 022412

Sprachursprung – Sprachskepsis – Sprachwandel
274 S., DIN A4, kart. Best.-Nr. 022455

Dramentheorie
186 S., DIN A4, kart. Best.-Nr. 022433

Georg Büchner: Woyzeck
115 S., DIN A4, kart. Best.-Nr. 022313

Theodor Fontane: Effi Briest
140 S., DIN A4, kart. Best.-Nr. 022409

Johann Wolfgang von Goethe: Faust I
145 S., DIN A4, kart. Best.-Nr. 022277

Johann Wolfgang von Goethe: Iphigenie auf Tauris
104 S., DIN A4, kart. Best.-Nr. 022307

Schöningh Verlag
Postfach 2540
33055 Paderborn

Schöningh

Fordern Sie unseren Prospekt zur kompletten Reihe an:
Informationen 0800 / 18 18 787 (freecall)
info@schoeningh.de / www.schoeningh-schulbuch.de